C.H.BECK **WISSEN**

Money makes the world go round – aber wie kann man «anständig» Geld verdienen und Geld ausgeben? Wie kann Wirtschaft fairer und nachhaltiger funktionieren? Die Antworten reichen vom Vertrauen in den freien Markt über soziale Marktwirtschaft und religiöse Wirtschaftslehren (katholische Soziallehre, islamisches Zinsverbot u. a.) bis hin zur *Share Economy* des digitalen Zeitalters. Nils Ole Oermann stellt in diesem Buch erstmals die wichtigsten wirtschaftsethischen Grundpositionen und Konzepte anhand von anschaulichen Beispielen vor.

Nils Ole Oermann, geb. 1973, lehrt als Professor Ethik mit Schwerpunkt Wirtschaftsethik in Lüneburg und St. Gallen. Er berät seit 2009 den Bundesminister der Finanzen und ist Direktor des Forschungsbereichs «Religion, Politics and Economics» an der Humboldt-Universität zu Berlin. Durch seine Albert-Schweitzer-Biographie (C.H.Beck, 4. Aufl. 2013) und seinen Bestseller «Tod eines Investmentbankers» (2013) ist er einer größeren Leserschaft bekannt geworden.

Nils Ole Oermann

WIRTSCHAFTSETHIK

Vom freien Markt
bis zur Share Economy

Verlag C.H.Beck

Mit 2 Grafiken

Originalausgabe
© Verlag C.H.Beck oHG, München 2015
Satz: Fotosatz Amann, Memmingen
Druck und Bindung: Druckerei C.H.Beck, Nördlingen
Umschlaggestaltung: Uwe Göbel, München
Printed in Germany
ISBN 978 3 406 67549 2

www.beck.de

Inhalt

Vorwort

Dieses Buch will für einen weiten Leserkreis außerhalb der Fachwelt auf rund 120 Seiten und mit einem Minimum an Referenzen ebenso pointiert wie fundiert darstellen, was Wirtschaftsethik ist. Der Leser kann von einer solchen Einführung mit Recht erwarten, dass die eigenen Positionen des Verfassers dabei im Hintergrund bleiben zugunsten eines möglichst weiten Überblicks über unterschiedliche wirtschaftethische Fragestellungen, Grundpositionen und Konzepte. Die besondere Herausforderung besteht im Fall der Wirtschaftsethik darin, dass man Ideengeschichte, Kernbegriffe und einschlägige Fallstudien im Rückgriff auf mindestens zwei Fächer darstellen muss – nämlich auf Ökonomie und Philosophie nebst ihren Bezügen zur Theologie, Soziologie oder auch Psychologie. Dies erfordert vor allem eine angemessene Auswahl. Wer darum im Folgenden Vertiefungen oder Exkurse vermisst, der sei auf die weiterführende Literatur am Ende des Buches verwiesen. Wer Patentantworten auf wirtschaftsethische Probleme erwartet, der wird enttäuscht. Ziel jeder ethischen Analyse kann nur sein, Dilemmata zu identifizieren und zu analysieren. Wenn Immanuel Kant als Grundfrage der Ethik formuliert «Was soll ich tun?», dann ist das «Ich» der Leser dieses Buches. Er muss am Ende handeln, muss tun oder unterlassen. Dabei zu helfen, eine Entscheidung im Rückgriff auf Ideengeschichte und Begriffe der Wirtschaftsethik rational zu treffen, ist Kernanliegen dieses Bandes.

Schäplitz, im August 2014   *Nils Ole Oermann*

> «Moral, das ist, wenn man moralisch ist,
> versteht Er. Es ist ein gutes Wort.»
> *Hauptmann in Georg Büchners «Woyzeck»*

1. Grenzziehungen

Was ist Ethik? Was unterscheidet sie von der Moral, von der in Georg Büchners *Woyzeck* als «gutem Wort» die Rede ist? Und warum braucht man Wirtschaftsethik statt Ethik allein? Gelten in der Marktwirtschaft andere ethische Regeln als in anderen Lebensbereichen? Warum gibt es ein eigenes Problemfeld und sogar ein eigenes akademisches Fach namens Wirtschaftsethik? Was ist sein Gegenstand, was sind seine historischen Wurzeln und aktuellen Themen, und wodurch wird ein ökonomisches und/oder ethisches Thema zu einem spezifisch wirtschaftsethischen? Wer auf diese Fragen nach Antworten sucht, sollte sich zunächst vergegenwärtigen, was Ethik als Teilgebiet der Philosophie und was Wirtschaft und die sie akademisch erforschende Ökonomie im Kern inhaltlich bestimmt. Wer dabei Wirtschaftsethik als angewandte Ethik im Sinne eines Teilgebiets der Philosophie oder als Hilfe bei ökonomisch relevanten Alltagsfragen verstanden wissen will, scheint gut beraten, mit einem Anwendungsfall allgemeiner Ethik anzufangen.

Ethik und Moral

20. November 2012: Es läuft die 25. Minute im Champions-League-Gruppenspiel des Kopenhagener Fußballklubs FC Nordsjælland gegen den ukrainischen Meister Schatar Donezk in Kopenhagen. Nach der Verletzung eines dänischen Spielers unterbricht der Schiedsrichter die Partie für eine Behandlungspause, um danach mit einem Schiedsrichterball fortzusetzen. Auf diesen wird im Fußball dann entschieden, wenn es nicht durch einen

Regelverstoß zur Unterbrechung gekommen ist, und in 99 Prozent aller Fälle funktioniert das nach den Regeln des sogenannten Fair Play. Im konkreten Fall bedeutet dies, dass der Unparteiische den Ball freigibt, und ein Spieler der ukrainischen Mannschaft, die vor dem Schiedsrichterball nicht im Ballbesitz war, diesen an die gegnerische Mannschaft zurückspielt, die das Spiel fortsetzt.

Nicht so an diesem Abend: Ein Mittelfeldspieler von Donezk spielt zwar den erwarteten langen Rückpass in Richtung des Kopenhagener Torwarts, aber der Ball wird hinter der überraschten dänischen Abwehr vom nachgeeilten Donezk-Stürmer Luiz Adriano abgefangen und mit einem Haken um den erstaunten Torhüter ins Tor befördert. Trotz massiver Proteste der dänischen Spieler und Pfeifkonzerten der Fans in Kopenhagen bleibt dem französischen Schiedsrichter nichts anderes übrig, als das Tor anzuerkennen.

Die Regeln geben jenseits des *Fair-Play*-Grundsatzes nur vor, dass im Fall des Schiedsrichterballs das Spiel fortgesetzt wird, wenn der Ball wieder Bodenkontakt hat. Die Verfasser dieser Regel gingen vermutlich ganz selbstverständlich davon aus, dass jeder faire Sportler den Ball zurückspielt. «Vermutlich» heißt aber: Es gibt damit keine bindende Regel, keine für alle Spieler geltende Norm und kein Gesetz, die Luiz Adrianos Verhalten verboten hätten. Adriano handelte gemäß des FIFA-Regelwerks nicht regelwidrig. Aber handelte er auch legitim? Es ist der Geist einer legal nicht einforderbaren Fairness, der einem Spieler in dieser Situation hätte sagen können, dass man so etwas nicht tut, sondern freiwillig der gegnerischen Mannschaft den Ball überlässt. Ignoriert hingegen ein Spieler vorsätzlich solch eine ungeschriebene Maxime des *Fair Play*, fällt die Reaktion seiner Umwelt drastisch aus: «Die Bösen haben sich den Sieg zusammengeklaut», titelte ein dänischer Onlinedienst moralisierend, während Nordsjællands Trainer dem Gegner gar pauschal jede «Moral» absprach. Die Kritiker pfiffen, weil sie meinten, Adriano habe gegen den Geist des Spiels gehandelt, und ein solcher Verstoß sei noch schlimmer als ein Foul, weil es die Idee der Fairness als Fundament des Spiels in Frage stelle. Die FIFA-Gremien empfanden anscheinend ähnlich – wie sie den Fall behandelt haben, werden wir am Schluss des Kapitels sehen.

Der nur scheinbar banale Fall aus der Welt des Fußballs und seine Folgen skizzieren darum so treffend den Kern dessen, was man als Ethik bezeichnet, weil Legalität (von lateinisch *legalis,* gesetzmäßig, rechtmäßig) und Legitimität (*legitimus,* 1. rechtmäßig, 2. gehörig, richtig) in der Wahrnehmung der verschiedenen Betrachter auseinanderfallen. Einfacher gefragt: Tut man das, was Adriano getan hat? Eine mögliche Antwort könnte lauten: Warum denn nicht, wenn der Stürmer alle Spielregeln eingehalten hat? Vermutlich würde der Stürmer zur Rechtfertigung – ähnlich wie viele Steuervermeider – vor allem die Legalität des eigenen Handelns betonen: Sie hätten sich doch regelkonform verhalten. Legal und legitim wären damit deckungsgleich. Ist das Verhalten von Luiz Adriano «unmoralisch», auch wenn es nicht ausdrücklich verboten war? Oder eher «unethisch»? Ist das Verhalten des Spielers «böse»? Ist er gar vielleicht selbst böse? Die Fragenliste ließe sich leicht fortsetzen, und ihre Strukturierung wäre zentraler Teil ethischen Nachdenkens. Während Ethik als Reflexionskategorie von den meisten Vertretern des Faches originär als Teildisziplin der Philosophie verstanden wird, ist Moral eine Handlungskategorie. So mag ein Handeln mehr oder weniger moralisch sein, während die Reflexion über die Qualität der Handlung in den Bereich der Ethik fiele.

Häufig in der öffentlichen Diskussion mit Ethik verwechselt wird das allgemeine «Moralisieren». Diesem geht es weniger um die Durchdringung ethischer Dilemmata als um das Fällen von Urteilen über Menschen und ihr Handeln, ohne Mandat und jenseits eines legal geordneten Verfahrens, allein auf Grundlage persönlicher, um nicht zu sagen willkürlicher Maßstäbe. Wer in diesem Sinne von Ethik erwartet, menschliches Handeln als mehr oder weniger «moralisch wertvoll» zu qualifizieren und die Handelnden in «gut» oder «böse» einzuteilen, den wird Ethik als Wissenschaft enttäuschen. Denn ihr geht es nicht um den Abgleich oder Ausgleich persönlicher moralischer Präferenzen, sondern um die systematische Strukturierung ethischer Dilemmata. So verstanden, besteht die Aufgabe der Ethik im Allgemeinen und der Wirtschaftsethik im Besonderen in der Entwicklung von Kriterien für moralisches Handeln. Der griechische Philosoph Aristoteles (384–322 v. Chr.) behandelte als einer der Ersten die Ethik als eigenständigen philosophischen Bereich, indem er die Disziplinen der praktischen Philosophie (Ökonomie, Politik und Ethik) von denjenigen der theoretischen Philosophie (Logik, Mathematik, Physik und Metaphysik) abzugrenzen suchte.

Im Gegensatz zur Moral geht es bei der Ethik nicht um Handlungen selbst, sondern um die Reflexion und Bewertung der Kriterien für mehr oder minder moralisches Handeln und Verhalten. Eine Moral reflektierende Ethik lässt sich unterteilen in die allgemeine und die angewandte Ethik, wobei der Gegenstand dieses Buches, die Wirtschaftsethik, dem Bereich der angewandten Ethik zuzurechnen ist. Im alltäglichen Sprachgebrauch werden die Begriffe «Moral» und «Ethik» jedoch meist unterschiedslos gebraucht.

Als «angewandte» Ethik zielt die Wirtschaftsethik darauf, ethische Kriterien für eine immer unüberschaubarer werdende Zahl von Einzelfällen zu entwickeln. Eben wegen dieser Unüberschaubarkeit systematisiert sie wissenschaftlich, was sich für den Normalbürger oft aus einer Mischung von allgemeinen Umgangsformen, Erziehung, Gewohnheiten, Tugenden und Gebräuchen des eigenen Berufsstandes und intuitiven eigenen Werturteilen ergibt. Diese «Bauchgefühle» sind wertvoll, weil sie uns in den meisten Situationen des Alltags eine recht ordentliche Orientierung bieten; aber sie sind selten gründlich durchdacht, und das hat Nachteile: Sie lassen sich anderen gegenüber oft nur schwer in Worte fassen und systematisch-rational begründen, und sie sind für andere keineswegs selbstevident oder gar verbindlich, im Gegenteil – oft sagt jedem Betrachter einer ethischen Zweifelsfrage sein Bauchgefühl etwas anderes, und der Streit beginnt (und hat wenig Aussicht auf eine geordnete Lösung). In diesem Sinne haben Ethik im Allgemeinen und Wirtschaftsethik im Besonderen einen normativen Anspruch.

Man kann bei normativen Ethiken teleologische und deontologische Entwürfe voneinander unterscheiden. Bei der deontologischen Ethik ist das dem Handeln zugrunde liegende Motiv bzw. Prinzip ausschlaggebend, während bei der teleologischen Ethik der Nutzen und das Ergebnis für die ethische Bewertung entscheidend sind.

Bei einer teleologischen Ethik (von griechisch *telos*, Vollendung, Zweck, Ziel) stünde im Falle einer Beurteilung des Verhaltens rund um den Schiedsrichterball die Frage im Mittelpunkt, ob und wie sich durch das Handeln oder Unterlassen der beteiligten Akteure der Spielverlauf im Ergebnis verändert.

Eines der prominentesten Beispiele für eine teleologisch konstruierte Ethik bildet der klassische Utilitarismus, der seine Wurzeln im 18. Jahrhundert im angelsächsischen Raum hat. Er gehört zu den sogenannten teleologisch-konsequentialistischen Ansätzen, d. h., seine ethische Einschätzung menschlichen Handelns nimmt ihren Ausgang in der Beurteilung von Handlungsfolgen. Seinen leitenden Wert bildet der Nutzen *(utility)*, der als «das Ausmaß des von einer Handlung bewirkten Glücks, Wohlbefindens oder der Befriedigung von Wünschen (Präferenzen)» verstanden wird (Birnbacher 2006, S. 96; vgl. auch Oermann/Weinert 2014, S. 66 f.). Eine der ersten systematischen Ausarbeitungen des Utilitarismus bildet Jeremy Benthams (1748–1832) *Einführung in die Prinzipien von Moral und Gesetzgebung* (1780). Zur Beurteilung von Handlungsfolgen zieht Bentham ihren sogenannten Gratifikationswert heran, also das Maß an Lust oder Unlust einer Handlung für alle von ihren Folgen Betroffenen. Der Gratifikationswert einer Handlung wird für jeden Betroffenen zunächst einzeln errechnet. Addiert man dann die individuellen Gratifikationswerte aller Betroffenen, ergibt sich in der Summe der kollektive Gratifikationswert, der Gesamtnutzen einer Handlung. Damit wäre das Gemeinwohl die aufaddierte Summe des individuellen Wohls aller Bürger und die ethisch vorzugswürdige Handlung diejenige, die «das größte Glück der größten Zahl» bewirkt.

Als klassische Vertreter des Utilitarismus gelten John Stuart Mill (1806–1873), Henry Sidgwick (1838–1900) und Richard M. Hare (1919–2002). Einer der zentralen Kritikpunkte an teleologisch strukturierten Ethiken wie etwa dem Utilitarismus besteht in der Frage, ob sich im Vorhinein einer Handlung überhaupt abschätzen lässt, wie nahe sie dem größten Nutzen der größten Zahl kommt. Welcher Handelnde hat schon den Überblick darüber? Darf ich das, was ich ethisch für richtig halte, vom Endergebnis meines Handelns abhängig machen? Aus Sicht des Volkswirts kommt das grundsätzliche Problem hinzu, dass Nutzen zunächst nur ein theoretisches Konzept für Analysen ist. Aufgrund der Subjektivität lässt sich Nutzen aber nicht messen und aggregieren. Daher haben Volkswirte sich vor allem auf Entscheidungen konzentriert, die zu beobachten sind. Weiterhin sind aus ethischer Sicht Konflikte hinsichtlich eines Minderheitenschutzes kaum vermeidbar, wenn der größte Nutzen der größten Zahl als ethisch allein entscheidende Größe herangezogen wird. Dostojewski hat diesen Einwand zu der Frage zugespitzt, wie wir entscheiden wollten und sollten, wenn das Glück der Menschheit von der Folterung eines einzigen Kindes abhinge. Denn Ethik ist wie die Wahrheit oder das Himmelreich nicht notwendig demokratiefähig. So würden zumindest jene argumentieren, die den Maßstab ethischen Handelns nicht an einen wie auch immer gemessenen Nutzen, sondern deontologisch an bestimmte Prinzipien und Werte als Maßstab koppeln, wie dies etwa beim Marxisten die Gleichheit oder bei John Rawls die sogenannte prozedurale Gerechtigkeit als Fairness wäre.

Solche deontologischen Entwürfe (von griechisch *deon*, Pflicht), wie es auch die meisten Gebotsethiken («Du sollst ...») einschließlich der Zehn Gebote sind, stellen bei ihrer Bewertung der ethischen Qualität eines Handelns nicht auf dessen Ergebnis ab, sondern auf die Motive des Handelnden und die Eigenschaften seines Handelns. So hätte derjenige, der einen Diktator zufällig als Kind getötet hätte, nicht darum eine ethisch wertvolle Tat vollbracht, weil er im Ergebnis potenziell den Tod von Millionen von Menschen verhindert hätte. Klassischerweise stehen in deontologisch-normativen Entwürfen ethische Pflichten im Mittelpunkt: Ein Beispiel dafür ist Kants gebotsethischer Ansatz, der die Pflicht kategorisch als eine durch die Vernunft gebotene Handlung versteht. Für sie heiligt weder der Zweck die Mittel, noch gilt der Satz «Ende gut, alles gut».

Ein Test für allgemeine Ethiken lautet, wie gut sie mit komplexen Sachverhalten zurechtkommen, das heißt, wie viel Orientierung sie dem bieten, der weiß, wie vielfältig, fernliegend und ungewollt die Wirkungen einer absichtlichen Handlung sein können. Das Wirtschaftsleben ist geradezu ein Paradeplatz für ungewollte Nebenwirkungen: Als die britische Kolonialverwaltung in Indien Prämien auf die Köpfe toter Kobraschlangen zahlte, um einer Plage Herr zu werden, begannen die Inder, Kobras zu züchten – aus Sicht der Inder gab es eine britische Nachfrage nach Kobraköpfen und behördlich garantierte Festpreise. Also fing niemand wild lebende Kobras, das war viel zu mühsam und gefährlich. So hielt die Kobraplage an, und die Briten zahlten, ohne die Schlangenpopulation zu reduzieren. Handelten die Inder aus ethischer Sicht problematisch? Stürzten die Briten mit ihrer gut gemeinten, aber ökonomisch wenig durchdachten Regelung geschäftstüchtige Inder in ein ethisches Dilemma? Solche Beispiele erzeugen einen Bedarf nach einer angewandten, auf den Bereich der Wirtschaft und von Angebot und Nachfrage zugeschnittenen Ethik.

Aufgabe der angewandten Ethik ist es, allgemeine normative Konzepte von Ethik für spezifische Lebensbereiche und Berufsfelder zu entwickeln, etwa für Medizin, Recht, Wissenschaft, Technik oder Medien. Angewandte Ethik benötigt dafür ein fundiertes empirisches Wissen über das jeweilige Handlungsfeld. So beschreibt der theologische Ethiker Trutz Rendtorff angewandte Ethik als «Begleit- und nicht als Bescheidwissenschaft» (Rendtorff 2002). Sie erklärt nämlich weder Ökonomen noch Juristen oder Medizinern ihr Fach, ist aber in der Lage, aus ethischer und fachlicher Sicht zu überprüfen, ob eine Handlung tatsächlich so «alternativlos» ist, wie sie oft von den Akteuren beschrieben wird. Nicht erst dem evangelischen Wirtschaftsethiker Arthur Rich ist aufgefallen, dass viele Menschen, die sich ethischen Dilemmata gegenübersehen, ihr Handeln mit Sachzwängen rechtfertigen, wie «Ich konnte doch gar nicht anders handeln», «Ich habe nur Befehle ausgeführt», «Mein Handeln war doch objektiv alternativlos» oder «Das machen doch alle so».

Im Fall des Luiz Adriano könnte dieser versuchen, zur Legiti-mation seines Handelns Folgendes geltend zu machen: «Meine Pflicht als Fußballer ist das Erzielen von möglichst vielen regel-konformen Toren, und genau das habe ich in dieser Situation getan. Mir blieb darum gar nichts anderes übrig.» Um dieses Argument der nur scheinbaren Alternativlosigkeit auf seine Tauglichkeit überprüfen zu können, muss man nun keineswegs so Fußball spielen können wie der Brasilianer, aber man muss die Regeln und Usancen des Spiels verstehen, konkret: Man muss zur Beurteilung der Aktion des Spielers wissen, dass es keine legale Pflicht zur Rückgabe des Balles gibt, wohl aber ein erwartetes Handeln im Sinne des *Fair Play*. Übertragen auf das Feld der Wirtschaftsethik: Wer das Wirtschaftsleben ethisch be-urteilen will, muss kein aktiver Unternehmer oder Gewerkschaf-ter oder Zentralbankchef sein, aber er sollte mit den Gegeben-heiten, Usancen und (geschriebenen und ungeschriebenen) Re-geln der Mikro- und Makroökonomie, von Bilanzierung über Controlling bis Mitbestimmung, vertraut sein – und mit den Theorieangeboten der Ethik und Philosophie ohnehin.

Markt und Mensch

Aus ökonomischer Sicht stellt sich die aktuelle Diskussion um Wirtschaftsethik vereinfacht wie folgt dar: Nicht erst seit der weltweiten Finanz- und Bankenkrise 2008 und der Staatsschul-denkrise in Europa nimmt der Bedarf an wirtschaftsethischer Expertise zumindest medial merklich zu. Angesichts dessen würde der Ökonom erwarten, dass damit eine steigende Nach-frage nach akademisch etablierter Wirtschaftsethik und deren wachsender Reflexion im Bereich der Fundamentalethik auf der einen, der philosophischen Seite, und einer Konjunktur öko-nomischer Ideengeschichte auf der anderen einhergeht. Auch könnte man annehmen, dass verwandte Bezugsdisziplinen wie die Theologie oder die Soziologie/Psychologie einen Boom er-lebten. All dies scheint aber nicht der Fall zu sein. Im Gegenteil: Weite Teile akademisch rezipierter und dort etablierter Wirt-schaftsethik produzierten Inhalte, so Philip Plickert am 18.2.2012

in der *Frankfurter Allgemeinen Zeitung*, die an der tatsächlichen
Nachfrage der Praxis vorbeigingen – vielleicht, weil dieser Bedarf moralisierender und nicht ethischer Natur ist: Man möchte
weniger verstehen als verurteilen. Akademisch betriebene Wirtschaftsethik bleibe darum ein «Bindestrich-Fach» oder – in den
Worten des Wirtschaftsethikers Birger Priddat – ein Fach «mit
Konjunktur, aber ohne Wirkung». Anders, so Plickert, lasse sich
die Diskrepanz zwischen der Fülle wirtschaftsethischer Fragestellungen in der öffentlichen Debatte einerseits und einer von
ihm wahrgenommenen Marginalisierung des Fachs Wirtschaftsethik im akademischen Diskurs im Spannungsfeld von Ökonomie und Philosophie andererseits kaum erklären.

«Was soll ich tun?»: Wann sind viele aktuelle Fragestellungen
zumindest auch ethischer und nicht allein ökonomischer, wirt-
schaftspolitischer oder juristischer Natur? Und warum bedarf
es gar eines eigenen Faches Wirtschaftsethik? Selbst wenn man
akzeptiert, dass Wirtschaftsethik, anders als eine eigene Fußballethik beim Schiedsrichterball-Dilemma, schon aufgrund der
Komplexität ihrer wissenschaftlichen Bezugsdisziplin in den
Kernbereich angewandter Ethik gehört, etwa vergleichbar der
Medizinethik, dann ist damit keineswegs hinreichend begrün-
det, warum es solche speziellen Bereichsethiken überhaupt
geben muss. Wissen nicht der Arzt und der Unternehmer am
besten, was sie in ihrem Handlungsbereich zu tun und zu lassen
haben? Die Frage nach einer eigenen Existenzberechtigung der
Wirtschaftsethik ist jedoch keineswegs so abwegig, wie es die
Analogie zur Fußballethik Glauben macht. So stellt der Soziologe Niklas Luhmann lakonisch fest (Luhmann 1993, S. 134):
«Die Sache hat einen Namen: Wirtschaftsethik. Und ein Ge-
heimnis, nämlich ihre Regeln. Aber meine Vermutung ist, dass
sie zu der Sorte von Erscheinungen gehört wie auch die Staats-
raison und die englische Küche, die in der Form eines Geheim-
nisses auftreten, weil sie geheim halten müssen, dass sie gar
nicht existieren.»

Sollte Luhmann mit dieser Einschätzung recht behalten
haben, ginge der Wirtschaftsethik nicht weniger als ihr Gegenstand verloren. Denn wenn nach dem im Rekurs auf Alfred

Sloan geprägten Diktum des Chicagoer Ökonomen Milton Friedman exklusiv gelten sollte: «The business of business is business», dann folgten die Systeme «Markt», «Wirtschaft» und «Ökonomie» im Sinne der Luhmann'schen Systemtheorie ihrer systemischen Eigenlogik und im Sinne Ludwig Wittgensteins ihren eigenen «Sprachspielen», in denen für das System «Ethik» zumindest kein eigenes Regelsystem und keine autonome Daseinsberechtigung bestünde.

Versteht man hingegen Ethik weder als systemfremde Beschreibung (Luhmann) noch als Sprachspiel einer anderen Sportart (Wittgenstein) noch als moralisierendes Urteil über Personen (die Regenbogenpresse), sondern mit Kant als wissenschaftliche Strukturierung der handlungsbezogenen Frage «Was soll ich tun?», ist fast jedes Problem oder Dilemma immer auch ethischer Natur. In der Geschichte des Faches wurde darum die positive Beantwortung der Frage «Warum Wirtschaftsethik?» vielfach über eine Verhältnisbestimmung von Ethik und ihrer Bezugsdisziplin Ökonomie versucht. Ist Ethik der Ökonomie unterzuordnen, oder hat Ökonomie ethisch zu sein? Hat der Markt eine dienende Funktion für den Menschen? Gelten in der Folge für Wirtschaftsethik andere Regeln und Methoden als für die allgemeine Ethik oder die Ökonomik? Wer oder was geht wem vor? Solche Fragen waren typisch für akademische Schulstreite, wie sie prominent in den 1980er und 1990er Jahren in Deutschland geführt wurden zwischen Vertretern einer «ökonomistischen Ethik» (Karl Homann u. a.) einerseits, die im Wege eines anreizbezogen optimierten, ökonomischen Rahmens ethische Ansprüche zur Geltung bringen wollten, und Vertretern einer «integrativen Wirtschaftsethik» andererseits, die dagegen ein eindeutiges Primat der Ethik gegenüber der Ökonomie einforderten (Peter Ulrich u. a.). Weiterführend daran war, dass sich Wirtschaftsethik immer mehr als akademisches Fach in der einen oder anderen Richtung an deutschen Hochschulen etablieren konnte. Problematisch erwies sich, dass daraus immer stärker ein Binnendiskurs in ebendiesem neuen akademischen Fach wurde.

Dass das Fach Wirtschaftsethik akademisch floriert und in

sich eifrig diskutiert, ist allerdings noch kein Argument gegen Luhmanns Vermutung, es handele sich bei aller Größe und Farbenpracht nur um eine Chimäre. Die Wirtschaftsethik müsste Luhmann vielmehr von ihren systemischen Qualitäten als Wissenschaft überzeugen, und zwar Qualitäten sowohl für die Wirtschaft der Gesellschaft als auch für die Ethik der Gesellschaft. Wirtschaftsethik müsste Kernbegriffe der Ökonomie und der Ethik erleuchten und in ihrem Gehalt bereichern, und sie müsste gesellschaftlichen Nutzen stiften, zum Beispiel, indem sie die Kommunikation der Teilsysteme gesellschaftsstabilisierend erleichtert. Das wirkt nun wie ein Brückenschlag zwischen der rauen Welt des Zähl- und Messbaren und der Welt des Guten und Schlechten, dessen Maßstäbe nur zu oft im Auge des Betrachters liegen: Aus ökonomischer Sicht ist die Suche nach der möglichst effizienten Allokation knapper Ressourcen Kerngegenstand, wobei im Hintergrund die Annahme steht, dass es für alle, Anbieter wie Nachfrager, gut ist, mit minimalem Aufwand ein Maximum zu erreichen. Aus ethischer Sicht ist die Frage von zentraler Bedeutung, zu welchen Entscheidungen diese Effizienz, absolut gesetzt, den Einzelnen zwingt und wie ihr Ergebnis sein Leben zum Guten oder zum Schlechten beeinflusst. Das Schnittfeld von Ökonomik und Ethik ist darum das gute Leben des Einzelnen und der Gesellschaft in seinen materiellen, aber auch immateriellen Aspekten. Wo die Ökonomik mehr den (materiellen) Ertrag betont, fragt die Ethik mehr nach den (immateriellen) Kosten, und beide können einander fruchtbare Fragen stellen. Richtig ist aber ebenfalls: Auch die moderne Volkswirtschaftslehre berücksichtigt immaterielle Kosten und Erträge. Und auch die klassische Nutzentheorie hat nicht nur in der Glücksforschung Immaterielles mit einbezogen. Fälschlicherweise wird oft davon ausgegangen, dass Volkswirte nur auf monetäre Größen und materielle Aspekte achten. Das bekannteste Beispiel dürften die Opportunitätskosten sein, d. h. die Zeit, die mit Tätigkeiten einhergeht und dann nicht anderweitig genutzt werden kann. Freilich werden diese Kosten oftmals nicht monetärer Art sein. Gängige ethische Anfragen an Ökonomie lauten darum, ob ein Leben in Überfluss auf Kosten anderer «gut» ist und ob wirklich schon alle Produktionskosten eingepreist worden sind, auch der Verbrauch der Ökosphäre oder der Burn-out der Arbeitnehmer zum Beispiel. Ökonomische Anfragen an die Ethik könnten lauten, ob zu viel Wohlfahrtsstaat möglicherweise statt Wohlfahrt Wohlstandsverwahrlosung stiftet oder ob wir das Weltklima nicht eher retten, indem wir Abgasfilter in arme Länder verschenken, statt hierzulande Windräder zu bauen. Wo beginnen?

Das historisch erste Beispiel für eine systematische Ethik ist die *Nikomachische Ethik* des Aristoteles. Ihre Kernfrage: Was macht ein menschliches Leben zu einem «guten Leben» (griechisch *eu zen*)? Die von Aristoteles entwickelten Antworten sind die *eudaimonia* (Glückseligkeit) als Ziel und die *arete* (Tugend) als Weg dahin. Ausführlich behandelt er, wie die *oikonomia*, die häusliche Wirtschaft, beschaffen und geführt sein sollte, um zum Gesamtbestand eines guten Lebens und tugendhaften Handelns beizutragen. Er durchdenkt diese Sphären als aufeinander bezogen und allesamt dem Menschen dienend. Darum ist sein Denken bis heute aktuell. Den wirtschaftsethisch bedeutenden Zusammenhang von Mittel und Zweck vertieft dann Immanuel Kant: Zunächst formal gebotsethisch über den Pflichtenbegriff, im Ergebnis jedoch anthropologisch, definiert der Königsberger in vier Worten deontologisch und gerade ohne jeden Rückgriff auf empirische Gegebenheiten, was Gegenstand der Ethik sei, nämlich jeder Antwortversuch auf die Frage: «Was soll ich tun?» Kant hat in seiner 1781 erschienenen *Kritik der reinen Vernunft* den Kern der Philosophie insgesamt so zusammengefasst: «Alles Interesse meiner Vernunft (das spekulative sowohl, als das praktische) vereinigt sich in folgenden drei Fragen:

1. Was kann ich wissen?
2. Was soll ich tun?
3. Was darf ich hoffen?»

Die erste Frage berührt den «Ursprung, den Umfang und die Grenzen unseres spekulativen Vernunftgebrauchs», die zweite, diejenige der Ethik, fokussiert aufbauend auf der Beantwortung

der ersten die «transzendentale und praktische Freiheit des
Menschen, d. h. sein Vermögen, von sich aus nach dem Moral-
gesetz in der Welt kausal wirksam zu werden» (Klemme 2009,
S. 13). Die dritte, die Frage der Religion und Metaphysik, fragt
nach dem «höchste[n] Zweck, den wir durch unsere reine praktische Vernunft zu bewirken hoffen können» (Klemme 2009,
S. 13). 1793 setzte Kant eine vierte Frage hinzu, die aus seiner
Sicht alle drei Fragen in sich umfasst: «Was ist der Mensch?»
(Kant 1969, S. 429). Auch Kants Ethik mündet darum wie die
meisten ethischen Ansätze in der vierten Frage, der Anthropologie, da Ethik menschliches Handeln reflektiert und nur Menschen aus seiner Sicht moralfähig sind. So verstanden ist der Beitrag der Ethik ein hermeneutischer (von griechisch *hermeneus*,
der Dolmetscher), eine Übersetzungsleistung zwischen Theorie
und Praxis, die in der präzisen Definition von Begrifflichkeiten
und der Strukturierung ethischer Dilemmata zur Identifizierung
von realen Handlungsoptionen besteht.

Spezifisch wirtschaftsethische Dilemmata sind dabei jene, die
starke Bezüge zur Ökonomie haben und darum ökonomische
Analyse notwendig und sinnvoll erscheinen lassen. Ein klassisches Beispiel wäre etwa die Frage nach dem gerechten Lohn,
da die verfügbaren Mittel gemeinhin endlich und die Interessen
von Arbeitnehmern und Arbeitgebern/Eigentümern divergent
sind. Darum wäre wirtschaftsethisch zu analysieren, nach welchen Kriterien sich das «gerecht» bestimmen lässt (etwa: hoher
Lohnanteil für gefährliche Arbeit? Niedriger Lohnanteil für
simple Arbeit, selbst wenn das Produkt wegen der Beliebtheit
des Unternehmers teuer verkauft werden kann) und ob diese
Frage eher im Bereich der Tauschgerechtigkeit oder der Verteilungsgerechtigkeit anzusiedeln ist. Steht in einer konkreten
Lohnverhandlung der Tausch Arbeitsleistung gegen Geld im
Mittelpunkt oder die Verteilung einer festen Größe von Lohnkosten? Wer derlei beurteilen will, muss wirtschaftswissen-
schaftlich durchdringen, wie sich ein Arbeitslohn zusammen-
setzt und verteilt, während man wenig von Fußball verstehen
muss, um zu erkennen, warum sich der Stürmer Adriano unangemessen verhielt. Wie endete sein Fall?

Auch wenn der Schiedsrichter das Tor von Adriano als regu-
läres geben musste, wurde der Stürmer anschließend von der
UEFA wegen Verletzung «elementarer Anstandsregeln» für ein
Spiel gesperrt, was aus ethischer Sicht freilich die Frage pro-
voziert, mit welcher Legitimität man solche «elementaren
Anstandsregeln» in welcher Weise legal trennscharf anwendet,
zumal die Sanktion nichts am regelgerechten Tor änderte. Die
Verantwortlichen der UEFA beriefen sich auf Art. 5 der UEFA-
Disziplinarregeln, wonach sich jeder Spieler «loyal, integer und
sportlich zu verhalten» habe. Dagegen verstößt unter anderem,
wer «sich beleidigend verhält oder in anderer Weise elementare
Anstandsregeln verletzt». Während Adriano am Folgetag be-
tonte, er freue sich über alle Tore, bat der Trainer von Donezk
nach dem Spiel um Entschuldigung, nachdem ihm der dänische
Trainer in der Pause vorgeworfen hatte, in dieser konkreten
Situation nicht in ausreichendem Maß Verantwortung über-
nommen zu haben. Donezks Trainer ergänzte, seine Mannschaft
hätte zudem den Dänen sofortige Gelegenheit zum Gegentor
geben wollen, aber ein Spieler habe das aktiv verhindert.

Wer sich mit ethischen Dilemmata beschäftigt, merkt bald, dass
die Schwierigkeiten meist da beginnen, wo die normative und
legale Ebene der klaren Regeln und Gebote verlassen wird und
die «unordentlichen», in Grauzonen liegenden Einzelfälle zu
bewerten sind. Dann tritt die Ethik mit anderen Wissenschaften
und Lebenswelten ins Gespräch ein und leuchtet innerhalb der
Grauzonen in die Schattenwinkel. Dabei fördert sie oftmals zu-
tage, was im Selbstvollzug der anderen Wissens- und Lebensbereiche unbeleuchtet bleibt, aber ethisch fragwürdig ist, und
dann hält sie zu der Überlegung an, welche Ansprüche das an
das Verhalten des Einzelnen stellt.

Als ein erstes Fazit bleibt festzuhalten: Die Probleme der
Wirtschaftsethik beginnen mit ihrem Begriff von sich selbst.
Schon die Tatsache, dass es fast so viele Wirtschaftsethiken gibt
wie Ethiken – weil viele Ethiker ihren philosophischen Entwurf
auch auf das Gebiet der Wirtschaft angewandt haben –, nährt
den Verdacht, hinter so vielen individuellen Angeboten gäbe es

gar keine allgemeine Wirtschaftsethik. Kann also eine genuine Eigen-Ethik erschlossen werden aus einem Lebensbereich, in dem es zuerst und zuletzt um Gewinn und Gewinnen geht? Und wie sähe diese in einer Marktwirtschaft aus, die sich «frei» nennt? Jede Wirtschaftsethik, die den Namen verdient, muss darauf nach belastbaren Antworten suchen. Und je nachdem, welche Vorstellung von der Funktion und vom Funktionieren von Wirtschaft und Gesellschaft man zugrunde legt, welcher Ökonomik/Wirtschaftstheorie man also folgt, ändert dies die Antworten.

> «Der Intellektuelle hat niemals eine freundliche
> Haltung gegenüber dem Markt eingenommen:
> Für ihn war der Markt immer ein Ort für
> grobe Menschen und unedle Motive.»
> *George J. Stigler*

2. Markt, Reichtum und Gerechtigkeit: Eine kurze Ideengeschichte

In Exemplistan gibt es eine Staatsbahn und ein staatliches Schienennetz. Die private Eisenbahngesellschaft Kesseldruck beantragt eine Betriebserlaubnis für eine Regionallinie. Die Genehmigungsbehörde erteilt die Erlaubnis mit der Auflage, die Kesseldruck AG müsse sich jährlich zu 5 Prozent an den Erhaltungskosten des staatlichen Schienennetzes beteiligen. Später teilt die Staatsbahn ihrer neuen Konkurrentin mit, sie werde weder Tickets der Kesseldruck AG verkaufen noch deren Werbung in den staatlichen Bahnhöfen dulden und erst recht nicht ihre Fernzüge mit der Kesseldruck-Regionallinie harmonisieren. Auch dürften die Lokführer der Kesseldruck nicht in die als besonders streitbar geltende staatliche Lokführergewerkschaft Exemplistans eintreten. Angenommen, alles das wäre legal – wäre es in einer Marktwirtschaft legitim, die sich «frei» nennt?

Kann man in diesem Fall noch von freiem Wettbewerb auf freien Märkten sprechen? Darf ein Staat, der sich zu einer «freien Marktwirtschaft» bekennt, aktiv und lenkend in Märkte eingreifen oder gar selbst unternehmerisch tätig werden? Wenn ja, warum und wann? Woher stammt überhaupt die Idee, dass Märkte «frei» sein sollen? Wer fundamentale Fragen, wie sie dieser Fall aufwirft, angemessen beantworten will, sollte sich zunächst mit der Ideengeschichte der Marktwirtschaft beschäftigen. Ökonomie als Wissenschaft betritt mit Adam Smith'

Werk *Wealth of Nations* die akademische Bühne. Dieser hatte zunächst als Moralphilosoph eine eigene *Theory of Moral Sentiments* verfasst, mit der er auch die Grundlage ökonomischen Handelns ethisch fundierte. Dagegen ist Ökonomie als «Handel und Wandel» und sind Märkte, auf denen Güter und Dienstleistungen gehandelt werden, fast so alt wie die Menschheit. Eine erste systematische Beschreibung der *oikonomia* und ihres Zwecks gibt schon der Platon-Schüler Aristoteles, für den ein Markt nicht mehr ist als ein Handelsort (Markt, von lat. *mercari*, als Ort, an dem man Handel treibt), der seine ethisch-politische Bedeutung aus der Tatsache zieht, dass dieses Marktgeschehen ethisch und politisch bedeutsam ist. Dank des Marktes kann die kleinste wie gesellschaftlich wichtigste Einheit einer *polis*, die Familie, ihre materiellen Bedürfnisse befriedigen. Damals geschieht das noch lokal oder regional und ohne intensive Arbeitsteilung. Die Haushaltungen sind autarker, weil sie vieles selber herstellen, und sie ertauschen damit, was ihnen noch fehlt. Der Markt hilft aber nicht allein den Familien, sondern zugleich dem Gemeinwesen, auf das die Familien und jeder Einzelne ausgerichtet sind. Denn der Mensch gilt für Philosophen wie Aristoteles als ein soziales Wesen *(zoon politikon)* und ist darum willens und in der Lage, Ordnungen zu schaffen und sich diesen Ordnungen als freier Bürger freiwillig zu unterwerfen.

Gerade in ökonomischen Fragen der Familie als der kleineren Einheit billigt Aristoteles in Einklang mit der damaligen Realität des Wirtschaftens subsidiär mehr autonomen Einfluss als den Institutionen der *polis* zu, weil die Bedeutung des Marktes und freier und informierter Marktakteure klar hervortritt, auch wenn Aristoteles Frauen und Sklaven nicht als Freie betrachtete. Außerdem erscheinen seine Ansichten zum Verhältnis von Markt- zu Geldwirtschaft fast 2500 Jahre später hochaktuell, ohne dass der griechische Philosoph je etwas von global agierenden Geldhäusern gehört hätte: In der *Politik* kontrastiert er die Haushaltskunst, die Ökonomie, mit der Erwerbskunst, der Chrematistik, und erläutert das Wesen des Reichtums, der «nichts [ist] als eine Vielheit von Werkzeugen für die Haus- und Staatsverwaltung» (Aristoteles 1998, Buch I, 1256b). Geld hat für ihn keinen Eigenwert, sondern macht lediglich alle Güter kommensurabel. Reichtum gilt für ihn darum nur als den Interessen der Sippschaften und ihrer *polis* dienendes Mittel und nicht als Zweck an sich selbst. Hier hat auch die aristotelische These von der Unfruchtbarkeit des Geldes ihren Ursprung; sie sollte bis hinaus über das Mittelalter, vermittelt durch das kanonische Zinsverbot, erhebliche ökonomische wie soziale Auswirkungen haben.

Die «Unsichtbare Hand»

Dass die jahrhundertelang stagnierende Wirtschaftsentwicklung in Westeuropa nicht erst im Zusammenhang mit der Reformation oder als Ergebnis des Dreißigjährigen Krieges zu sehen ist, bevor das ökonomische Wachstum dann mit der Industrialisierung massiv anstieg, ist eindrücklich ablesbar an der Maddison-Kurve:

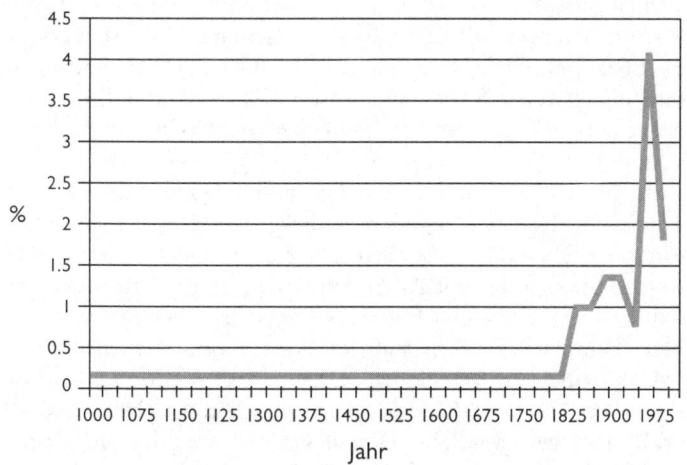

Wachstum des Bruttoinlandsprodukts pro Kopf
in Westeuropa von 1000–2000 in Prozent
(Quelle: www.tydecks.info/online/math_multi_Krise2009.html).

Der Entwicklungsökonom Angus Maddison illustriert damit, dass es von Aristoteles' Zeit bis zum industrialisierten 19. Jahrhundert keine signifikanten ökonomischen Wachstumsraten gab. Diese setzten erst als Folge der aufkommenden Dampfkraft, Elektrifizierung und anderer technischer Fortschritte ein, auch wenn das Wachstum durch zwei Weltkriege und die Ölkrise des Jahres 1973 vorübergehend unterbrochen wurde. Dies hilft zu erklären, warum die Ökonomie ihre Zeit erst mit der beginnenden Industrialisierung gekommen sah: Vorher gab es für die Masse der Bevölkerung wenig Wirtschaftswachstum zu verteilen. Über die Gründe für das Funktionieren wie das Versagen von schnell wachsenden Märkten, über den Nutzen von transnationalem Warenaustausch und komplexer Arbeitsteilung dachte mit Adam Smith darum vielleicht erst dann jemand systematisch nach, als sich ihm und seinen Zeitgenossen die mit steigendem Wachstum einhergehenden ökonomischen und ethischen Dilemmata akut stellten. 150 Jahre später sollte der Nationalökonom Max Weber rückschauend zu erklären versuchen, warum ausgerechnet von protestantisch-calvinistischen Regionen aus – Holland, Südwestdeutschland, Schottland bis in die neue Welt nach Neuengland – der «Geist des Kapitalismus» seinen weltweiten Siegeszug antrat und die von Maddison diagnostizierte wirtschaftliche Stagnation nachhaltig zu beenden vermochte.

Bis ins 18. Jahrhundert war Ökonomie keine eigene wissenschaftliche Disziplin, sondern wurde als Teil der Philosophie und/oder Theologie betrieben. Die beschriebene ökonomische Reformation setzte mit Adam Smith ein, und mit Recht erklärten ihn Karl Marx und Friedrich Engels bei aller Kritik an seinen liberalen Prämissen zum «nationalökonomischen Luther» (Marx 1982, S. 383). Smith' Hauptwerk *Wealth of Nations* wurde 1776, im Jahr der amerikanischen Unabhängigkeitserklärung, veröffentlicht. Der in Oxford ausgebildete Moralphilosoph aus Glasgow bietet in diesem Werk, das viel zitiert und wie seine mindestens genau so wichtige Ethik *Theory of Moral Sentiments* selten im Original gelesen wird, einen Fundus an Aussagen, die die Beziehung von Wirtschaft und Ethik sowie

die besondere Bedeutung Letzterer für die moderne Ökonomie
bestimmen helfen.

Um Adam Smith besser einordnen zu können, sollte man
auch die so polemische wie populäre *Bienenfabel* (1705) des
Dichters und Sozialtheoretikers Bernard de Mandeville berück-
sichtigen, hatte dieser doch der Idee der Notwendigkeit eines
ungezügelten Marktliberalismus zu enormer publizistischer
Popularität verholfen: «Stolz, Luxus und Betrügerei muss sein,
damit ein Volks gedeih.» (de Mandeville 1724, S. 92) Ganz un-
platonisch ist Mandeville der Meinung, dass die Gesellschaft
nicht von Tugenden, sondern vielmehr von ihren Lastern zu-
sammengehalten werde. Allerdings unterscheiden sich Mandeville und Smith beim Menschenbild an entscheidender Stelle
diametral: Das Eigennutzinteresse des Menschen bejahte auch
Smith als legitimen wie ökonomisch entscheidenden Faktor,
weil Märkte durch ausgelebtes Eigeninteresse und nicht durch
Altruismus existierten und prosperierten. Aber keinesfalls sollte
Smith als Ahnherr eines *Homo-oeconomicus*-Modells des ausschließlich eigennutzinteressiert handelnden Marktteilnehmers
verstanden werden, der Habgier nationalökonomisch zu einer
«privilegierten Leidenschaft» aufgewertet hätte (Binswanger
1998, S. 47). Bei der Darstellung dieses Modells ist zu beachten,
dass auch in der modernen Volkswirtschaftslehre der *Homo
oeconomicus* als eigennutzinteressiert und nicht als eigeninter-
essiert zu gelten hat. Denn der eigene Nutzen kann auch von
Interessenerfüllung anderer abhängen. So hängt der Nutzen von
Eltern auch an dem ihrer Kinder, da Eltern auch am Wohler-
gehen ihrer Kinder interessiert sein werden. Genauso kann in
der Nutzenfunktion die Armut anderer Menschen negativ eingehen, wodurch sich Sozialpolitik und Umverteilung modellieren
lassen.

Der Moralphilosoph Smith ist jedenfalls der Überzeugung,
dass die meisten Menschen nicht arbeiten, um aus Egoismus
und als Selbstzweck Reichtümer anzuhäufen, sondern um aus
Selbstliebe für ihr eigenes gutes Auskommen zu sorgen. Er hält
es für weise, volkswirtschaftlich auf die Produktivität dieser
Eigenliebe zu bauen statt auf Nächstenliebe – Brot und Bier

brächten das Eigeninteresse von Brauer und Bäcker zuverlässiger auf den Markt als deren Menschenfreundlichkeit. Daraus folgert Smith, dass dem Unternehmungsgeist des Einzelnen möglichst wenige Fesseln angelegt werden sollten, sowohl im Binnenhandel als auch, was den Import und Export der Waren angeht – von merkantilistischer Abschottung hält er wenig. Smith ist aber auch Realist genug, um zu wissen, dass unternehmerische Freiheit sofort missbraucht wird, wenn man diese unreguliert gewähren lässt – zum Beispiel durch Preisabsprachen und Kartellbildung. Also setzt er nicht allein auf die «Unsichtbare Hand» freier Märkte, die die Konkurrenz antreibt und für alle Waren zu niedrigen Preisen hervorbringt, sondern er verlangt auch staatliche Eingriffe in Gestalt von Regeln, die den Wettbewerb schützen und der «Unsichtbaren Hand» ihr Werk zu tun überhaupt erst ermöglichen. Außerdem solle der Staat die Rahmenbedingungen des Wettbewerbs schaffen – das Straßen- und Kanalnetz ausbauen zum Beispiel, hochwertige Bildungseinrichtungen finanzieren und ein verlässliches Rechts- und Gerichtswesen bieten. Alles zusammengenommen ist das ein erstaunlich modernes Programm, in dessen ökonomischem Zentrum ein Bild vom Menschen und eine Verhaltensethik stehen, die mit dem Guten und dem Schlechten im Menschen realistisch zu rechnen suchen.

Neuverteilung der Produktionsmittel und Diktatur des Proletariats: Karl Marx

Die Kritik an merkantilen Exzessen konnte der aus Trier stammende Philosoph Karl Marx (1818–1883) umfänglich teilen, während er als ökonomisch gebildeter Beobachter der Idee freier Märkte mit autonomen Marktteilnehmern ordnungspolitisch wenig abgewinnen konnte. Karl Marx wollte mit dem *Kapital* keine Ethik, sondern ein analytisch entwickeltes politisches Programm fundieren: Das Neue bei ihm war, dass die Neuverteilung der Produktionsmittel (Land, Arbeit, Kapital) nicht weniger als eine Umkehrung des politischen *Status quo* nach sich ziehen sollte: die Diktatur des Proletariats.

Aus Sicht von Marx waren nämlich die Bäcker und Metzger, die vorher Untertanen von Feudalherren waren und mit der wachsenden Industrialisierung zunehmend Untertanen des Kapitals wurden, empirisch nur selten so frei und selbstbestimmt in ihrem ökonomischen Tun, wie es Smith in seiner liberalen Theorie eines vermeintlich freien Marktes angenommen hatte. Die einseitige Bündelung der Produktionsmittel in der Hand der Arbeitgeber, verbunden mit dem Mangel an kollektiver Vertretung der Arbeitnehmerinteressen, etwa in Gewerkschaften, konnte Marx zufolge nur zu größerer Abhängigkeit der Arbeiter und deren steigender Ausbeutung durch die Arbeitgeber führen. Im Rückgriff auf die Marx'sche «Mehrwerttheorie» lässt sich zeigen, wie ein scheinbar rein ökonomischer Sachverhalt zu einem wirtschaftsethisch relevanten werden kann: Im Sinne von Marx' Mehrwerttheorie ist es nämlich überproportional der Unternehmer, der durch die Ausbeutung der Arbeitsleistung seiner Arbeiter den Tauschwert der von ihnen produzierten Waren erhöht. Dabei folgt der Arbeitgeber dem Anreiz, Arbeitszeit und Produktivität zu steigern, da er als Halter der Produktionsmittel den Wert/Profit der Arbeit, die zu dieser Wertsteigerung/dem Mehrwert der Produkte geführt hat (etwa die Wertsteigerung eines Goldbarrens, der in vielen Arbeitsstunden zu einem goldenen Käfig geschmiedet wird), weit überproportional, einseitig und damit ethisch verwerflich abschöpft. Die Folge formuliert Marx so: «Aller Mehrwert ist seiner Substanz nach Materiatur unbezahlter Arbeitszeit.» (*Das Kapital*, MEW, Bd. 23, S. 556) Soll heißen: Über den Wert seines tatsächlich an ihn ausgezahlten Arbeitslohnes hinaus investiert der Arbeiter einen unbezahlten Teil seiner Arbeitszeit und damit kostbare, da begrenzte Lebenszeit, um vor allem den Unternehmer reicher zu machen, indem er einen Mehrwert für ihn schafft. Letztlich ist die darin liegende «Ausbeutung», als die Marx die Erwirtschaftung ebenjenes unternehmerischen Mehrwerts systemisch charakterisiert, ein ethisch aufgeladener Begriff, da er die kapitalistische Ausnutzung eines Machtgefüges beschreibt: Für ihn wird der Arbeiter im Kant'schen Sinne allein zum Mittel und nicht mehr zum Zweck an sich selbst. So beschreibt Marx dies, korrespondierend mit der Mehrwerttheorie, mit den Begriffen «Entfremdung» des Arbeiters, im Ergebnis in Form der Instrumentalisierung der Arbeiterklasse – freilich nur so lange, wie man Marx' ökonomische Analyse teilt. Wenn in der Folge kommentiert wird, Marx habe in *Das Kapital* keine Ethik vorlegen wollen, wird an der Mehrwerttheorie im Zusammenwirken mit der Entfremdungstheorie exemplarisch deutlich, wie fließend die Übergänge eines ökonomischen zu einem ethischen Dilemma sind, da ökonomische Ausbeutung ethisch genauso problematisch scheint wie jede politische Form der Diktatur – und sei es die des Proletariates.

Ein entscheidender Unterschied: Wo Smith auf dem freien Markt Gleichberechtigte und Gleichgewicht sieht, erblickt Marx Unfreiheit, Machtgefälle und eine Welt, die wirtschaftlich und ethisch aus den Fugen gerät. Denn anders als eigeninteressierte Bäcker, Metzger und Brauer, wie Smith sie beschreibt, ist der Arbeiter bei Marx ohne Anteil an den Produktionsmitteln eben nicht frei, zu entscheiden, in welcher Form er seinem Eigeninteresse durch seiner Hände Arbeit autonom Geltung verschafft. Eine weitere kritische Differenzierung, die Marx einführt und die aktuell etwa in Ansätzen wie dem des französischen Ökonomen Thomas Piketty vertieft wird, ist die ökonomische und in der Folge wirtschaftsethische Betrachtung des bei immer weniger Menschen angehäuften monetären Gewinns/Kapitals, der einen Smith'schen Bäcker vom kapitalistischen Unternehmer in Marx' Sinne unterscheidet. Solange nämlich der im vermeintlich freien Markt erwirtschaftete Unternehmensgewinn allein in den Konsum der ihn Erwirtschaftenden fließt, bleibt Geld ein reines Tauschmittel. Marx hält diese Annahme jedoch für mindestens einseitig, zu Recht: Denn der erfolgreiche Unternehmer wird immer mehr Kapital akkumulieren, was im Ergebnis dazu führt, dass dessen individuelle Machtposition gegenüber dem Arbeitnehmer noch stärker und kollektiv der Abstand zwischen Reich und Arm in einer Gesellschaft noch größer wird. An diese Bedeutung der einseitigen Kapitalakkumulation anknüpfend, weist Piketty jüngst auf die ordnungspolitischen wie ökonomischen Verwerfungen hin, die entstehen und wachsen, wenn Gesellschaften den Arbeitslohn höher besteuern als den Kapitalertrag. Denn so wird es auch für den Bäcker und Brauer als abhängigen Arbeitnehmer immer schwerer, durch ihrer eigenen Hände Arbeit vermögend zu werden und Kapital zu akkumulieren.

Womöglich ohne es selbst zu merken, greift Marx dabei eine weitere Kritik auf, die man an Smith' Modell eines freien Marktes wirtschaftsethisch bis in die Gegenwart formulieren kann. So differenziert nämlich Immanuel Kant als Philosoph das Wesen von Gütern auf zweierlei Weise: Entweder hätten diese einen Preis oder eine Würde. Für ein Gut, dem ein Preis zuzuordnen ist, gibt es für diesen immer auch ein Äquivalent. So kann man im Marx'schen Sinne einem Arbeitsstück einen Preis zuordnen oder etwas anderes, etwa ein Maß an freier Zeit oder die Zahlung in Naturalien/im Tauschweg. Menschliche Arbeit hingegen unterliegt einem meist monetär ausgehandelten Preismechanismus, der untrennbar mit menschlicher Würde zu tun hat. Denn Arbeit ist mehr als der Lohn, der für diese bezahlt wird. So meinte Martin Luther einmal, der Mensch sei «zur Arbeit geboren wie der Vogel zum Fliegen» (Luther, *Kritische Gesamtausgabe* (WA), Bd. 1, S. 505). Was der Konnex von Arbeit und Würde meint, wird noch deutlicher, wenn man die Argumentation des Bundesverfassungsgerichts bei der Festlegung der Höhe der Sozialhilfe/des Hartz-IV-Satzes betrachtet: Die Höhe dieser staatlichen Unterstützung muss nämlich so kalkuliert sein, dass man nach Ansicht des Gerichts mit ihm nicht etwa nur «auskömmlich», sondern auch «menschenwürdig» leben kann. Und das billigt jedem die «materiellen Voraussetzungen zu, die für seine physische Existenz und für ein Mindestmaß an Teilhabe am gesellschaftlichen, kulturellen und politischen Leben unerlässlich sind» (BVerfG, 1 BvL 1/09 vom 9.2.2010). In diesem Sinne kann menschliche Arbeit eben nicht nur einen Preis im Sinne eines Arbeitslohns haben, sondern ist konkreter Ausdruck menschlicher Würde, und zwar in dem Sinne, dass der Mensch ohne diese Arbeit sein Menschsein als defizitär wahrnimmt oder mit seinem Arbeitslohn menschliche Grundbedürfnisse nicht mehr zu befriedigen vermag. Für Kant wären freie

Märkte dann und nur dann sinnvoll, wenn sie das Potenzial des mit unveräußerbarer Würde ausgestatteten Menschen, seine Freiheit im Wege der Ausübung eines Berufes vernünftig zu gestalten, ohne dabei *nur* als Mittel und nicht als Zweck an sich selbst verdinglicht zu werden. Adam Smith behauptet seinerseits, dass die Ausübung des *self interest* an freien Märkten dies befördere, während Karl Marx betont wissen will, dass menschliche Arbeitskraft instrumentalisiert würde und die sie Erbringenden entfremdet und ausgebeutet würden.

Betrachtet man innerhalb der dritten Formulierung des kategorischen Imperativs, warum Kant das «nur» in «nur als Mittel» betont, wird schnell deutlich, warum der Aufklärer an dieser Stelle zwischen Liberalismus und Marxismus zu vermitteln vermag: Denn nach Kant wäre klar, dass etwa jeder, der einen Handwerker ruft, diesen natürlich als Mittel benutzt, um die von ihm in Auftrag gegebene Arbeit zu erledigen – aber der Auftraggeber betrachtet den Leistungserbringer eben nicht *nur* als Instrument. So greift man in einem auf Angebot und Nachfrage beruhenden freien Markt so lange nicht in die Würde des Arbeitnehmers ein, wie dieser die Freiheit hat, das Angebot anzunehmen oder eben nicht und nicht nur auf seine Rolle als Leistungserbringer reduziert zu werden. Kommt es im Sinne von Marx hingegen so weit, dass der Arbeiter schon aus ökonomischen Gründen jede Tätigkeit zu einem ihm diktierten Preis annehmen muss, wäre er auch im Kant'schen Sinne nur noch Mittel und nicht mehr *auch* Zweck an sich selbst, da für den von Marx beschriebenen Ausbeuter allein die Arbeitskraft der Ausgebeuteten von Interesse ist. Während derlei ökonomisch-ethische Diskussionen bis zum Ende des 19. Jahrhunderts vor allem in der Philosophie verortet waren und von ökonomisch gebildeten Gelehrten wie etwa Marx dominiert wurden, gelang es den nun wissenschaftlich gebildeten Ökonomen Ende des 19. Jahrhunderts zunehmend, sich von der Philosophie zu emanzipieren und vertiefter nach den ethischen Rahmenbedingungen wirtschaftlichen Handelns zu fragen.

Ökonomische Freiheit oder staatliche Intervention: Von Alfred Marshall über Joseph Alois Schumpeter bis John Maynard Keynes

Damit wendet sich das Blatt: Mit dem ausgehenden 19. und beginnenden 20. Jahrhundert sind es immer mehr die Ökonomen, die mit ihren Theorien und Vorstellungen die wirtschaftsethisch drängenden Fragen ihrer Zeit adressieren und dadurch eine enorme Wirkmächtigkeit bis hin zu konkreten wirtschaftspolitischen Programmen entwickeln. Als einer der einflussreichsten Ökonomen seiner Zeit und prägende Gestalt der neoklassischen Schule stellte dabei der Engländer Alfred Marshall (1842–1924) wegweisende Überlegungen zur Armut als zentraler sozioökonomischer Herausforderung an. Er war überzeugt: Der frei funktionierende Markt könne nicht bloß die Armut überwinden, vielmehr sei das sogar seine allererste Aufgabe und Bestimmung; denn ein funktionierender Markt organisiere die effiziente Allokation von Ressourcen, und Armut sei schlichtweg ineffizient. Ausgangspunkt von Marshalls Verständnis der Ökonomie ist nicht der Wettbewerb *per se*, sondern die Fähigkeit, eine freie und informierte Auswahl zwischen den möglichen und legalen Optionen zu treffen, die einem der Markt bietet. Diese menschliche Freiheit ist der Motor ökonomischen Wachstums, das seinerseits die Grundlage für Fortschritt im Wege der Industrialisierung schafft. Wettbewerb entsteht für Alfred Marshall durch die simple gesellschaftliche Gegebenheit, dass nicht jeder Mensch gleich fleißig oder gleich begabt ist, wohingegen Armut zu einer negativen und destabilisierenden Begleiterscheinung der Industrialisierung wird, die von den Märkten selbst bekämpft werden sollte.

Die Betonung der positiven Wirkung ökonomischer Freiheit markiert ungefähr die genaue Gegenposition zur Marx'schen Betonung der Gleichheit, wobei Karl Marx im Wege der Diktatur des Proletariats eine komplette Verstaatlichung der Produktionsmittel fordert, statt ökonomische Lenkung und Planung den freien Märkten zu überlassen. An dieser Stelle wird klar, warum die Frage nach freiem Wettbewerb und auch das Prinzip

des Wettbewerbs selbst zutiefst ethischer Natur sind, wie später
Friedrich August von Hayek (1899–1992) und andere immer
wieder betont haben. Denn bereits Alfred Marshall war klar,
dass aufgrund der Doppelbestimmung des Menschen als ökonomisches und moralisches Wesen Ethik und Ökonomie untrennbar sind. Gleichzeitig war er aber auch – anders als Marx –
überzeugt, dass eine Ethik, die marktwirtschaftliche Grundsätze wie etwa das Prinzip von Angebot und Nachfrage, das
Prinzip des freien Marktes unter Förderung des privaten Unternehmertums oder die Notwendigkeit des Unternehmertums generell in Frage stelle, sich langfristig nie gegen freie Marktkräfte
durchsetzen könne. Für Alfred Marshall wird jeder Selbstwiderspruch des Menschen und dessen innerer Kampf zwischen seinen
altruistischen und egoistischen Zügen am Ende in den Märkten
selbst gelebt und nicht außerhalb. Ein drastisches Beispiel:
Apartheid stürzte man nicht allein über politische Proklamatio-
nen oder Waffenlieferungen, sondern auch und besonders über
Kaufentscheidungen gegen südafrikanische Produkte und durch
Wirtschaftssanktionen.

Anknüpfend an Marshalls Freiheitsbegriff, betonte der öster-
reichische Ökonom Joseph Alois Schumpeter (1888–1950)
darüber hinaus die der Ökonomie innewohnenden evolutionär-
dynamischen, zuweilen sogar anarchisch-zerstörerischen Trieb-
kräfte, die kein Naturrecht zu erfassen und keine Sozialphilosophie oder Ethik zu zügeln vermag. Charakteristisch für das
ökonomische Denken Schumpeters ist die von ihm entwickelte
These, dass der Kapitalismus immer ein innovativ evolutionärer
und kein staatlich gelenkter Prozess sei, der sich durch eine
«schöpferische Zerstörung» über den Konkurrenzmechanismus
stets von innen heraus reguliere und regeneriere (Schumpeter
1993, S. 134–142). Schumpeter erkannte dabei früh, dass dieser
fortwährenden Zerstörung alter Strukturen keine innere Grenze
gesetzt ist und darin die Achillesferse jeder kapitalistischen Gesellschaft liegt – nur starke ethische Bindungen und funktionierende Institutionen bewahren eine freie Marktwirtschaft davor,
die Voraussetzungen ihres eigenen Erfolgs aufzuzehren und um
der Effizienz willen die Märkte und die Demokratie zu zerstören.

Politische und ökonomische Krisen führten schließlich dazu, dass der neoklassische Ansatz Alfred Marshalls und seiner Schüler von John Maynard Keynes (1883–1946) und anderen zunehmend kritisiert wurde, wobei Keynes in seiner nachfrageorientierten Wirtschaftstheorie für eine stärkere staatliche Intervention als Antwort auf die Weltwirtschaftskrise von 1929 eintrat, in der sich Nationalökonomien in Konjunkturzyklen mit stetig wachsender Arbeitslosigkeit gefangen sahen. In seinem *short-term model of unemployment best fought by government intervention* geht Keynes davon aus, dass eine durch staatliche Intervention ausgelöste Steigerung des Volkseinkommens zu steigender Güternachfrage und damit langfristig zu einem sich wieder selbst tragenden Wirtschaftswachstum führen könne. Als Regierungsberater empfahl er, zur Ankurbelung der in den 1930er Jahren krisengeschüttelten Wirtschaften Europas und Amerikas nicht auf das Eingreifen einer «unsichtbaren Hand» im Sinne eines Adam Smith im Bereich des Arbeitsmarktes zu warten, sondern von Seiten des Staates über Steuer- und Arbeitsmarktpolitik temporär zusätzliche Beschäftigungsmöglichkeiten zu schaffen, um kurzfristig jene dringend benötigte Binnennachfrage zu generieren, welche die Wirtschaft wieder anspringen lässt.

Keynes' Theorie beeinflusst bis heute die Politik vieler Staaten und deren Entscheidung für wirtschaftliche Interventionen in Krisenzeiten, hat aber gleichzeitig Kritiker auf den Plan gerufen: Wenn der Staat eingreift, muss er seine Haushalte zunächst im *short term* entweder über Neuverschuldung oder Steuersenkungen belasten. Milton Friedman und andere Mitglieder der *Chicago School* sollten später immer wieder lakonisch fragen: *How short is the short term?* Wie lange soll der «gute Staat» nicht nur fiskalische Disziplin üben, sondern die Schaffung von Arbeitsplätzen, die eine in der Rezession steckende Ökonomie von sich aus nicht nachfragt, subventionieren? Wann ist die Grenze von notwendiger Wirtschaftsstimulation zum drohenden Staatsbankrott überschritten? Wohlgemerkt: All das sind nicht nur wirtschaftsethisch, sondern auch ökonomisch äußerst kontroverse wie zentrale Fragen. Wirtschaftsethisch kontrovers sind

aber vor allem die sozialpolitischen Konsequenzen solcher Entscheidungen: Weder ein insolventer Staat noch unterkapitali-
sierte Banken noch eine hohe Arbeitslosenquote sind im Interesse der in einem Staatswesen zusammengeschlossenen Individuen. Das Element, das Keynes im Rekurs auf Adam Smith in
die Ökonomie zurückbringt, ist letztlich ein zutiefst ethisches:
dass es die Pflicht des Staates sein kann, genau dann stärker als
Akteur aufzutreten, wenn die individuellen Akteure dies nicht
(mehr) hinreichend vermögen. Wirtschaftsethisch ist Keynes
ähnlich wie Friedrich August von Hayek, der geistige Mentor
von Keynes späterem Widersacher Milton Friedman (1912–
2006), der Meinung, dass ökonomische Theorie, sofern sie
«richtig» ist und effizient umgesetzt wird, den Schlüssel für eine
gerechtere Gesellschaft bietet. Dabei war Hayek im Wege eines
deontologischen, auf dem Freiheitsbegriff fußenden Argumen-
tationsgangs der Auffassung, dass maximale Freiheit des Marktes nicht nur ein ökonomisches, sondern als freier Wettbewerb
ein ethisch wertvolles, da auch die politische Freiheit sicherndes
Gut sei, während Keynes die ethische Qualität einer Markt-
ordnung nicht *per se* am Grad ihrer Freiheit, sondern an ihren
ökonomisch-politischen Folgen für die in ihr Tätigen und damit
teleologisch-utilitaristisch messen wollte – von der Vermögens-
verteilung bis zur Arbeitslosigkeit.

Die Chicago School:
Von Milton Friedman bis Gary Becker

Milton Friedman als Schüler von Hayeks stimmt mit seinem
Kontrahenten John Maynard Keynes in einem wesentlichen
Punkt, der von hoher ethischer, da handlungsleitender Relevanz
ist, durchaus überein: Für den Nobelpreisträger und bekanntesten Vertreter der sogenannten Chicago School ist Kapitalismus
kein bloßes ökonomisches Werkzeug, sondern die global notwendige Voraussetzung für eine freiheitliche Gesellschaft. Was
beide Ökonomen grundlegend unterscheidet, sind ihr Freiheits-
verständnis und ihre Ansichten hinsichtlich des besten Weges zu
einer solchen freien Gesellschaft. In *Capitalism and Freedom*

macht Friedman deutlich, dass der Kapitalismus, so wie er ihn versteht, ordnungspolitisch nicht weniger sei, als «a system of economic freedom and a necessary condition for political freedom» (Friedman 1982, S. 4). Im Geiste Friedrich August von Hayeks fragt er nicht nur nach der besten Wirtschaftsordnung, sondern damit immer auch nach der besten politischen Grundordnung für eine freiheitliche Gesellschaft, die für ihn ganz entscheidend am Wirtschaftssystem hängt: Während Planwirtschaft in die Knechtschaft führe, sei die kapitalistische Idee eines möglichst freien Marktes die beste Garantie für ein möglichst hohes Maß an politischer Freiheit.

Der Kapitalismus ist dabei für Friedman nicht nur durch Kommunismus und Planwirtschaft, sondern ebenso stark durch eine gut gemeinte, aber ineffiziente Wirtschaftspolitik gefährdet, die aus fehlgeleitetem Regelungseifer gegen den Markt soziale Systeme und den Wohlfahrtsstaat fördert. Friedmans 14-Punkte-Katalog ökonomischer «Sünden» setzt sich mit den entsprechenden Aktivitäten eines solchen Wohlfahrtsstaates auseinander und identifiziert etwa sozialen Wohnungsbau oder Subventionen für ineffiziente Industriezweige als Kardinalsünden. Sein eigenes System einer möglichst staatsfreien Ökonomisierung dehnt Friedman, ähnlich wie von Hayek, auch auf andere Bereiche der Gesellschaft aus, von sozialen über kulturelle bis hin zu religiösen Aktivitäten, die allesamt erst möglich würden durch das Maß an Freiheit, zu welchem der Kapitalismus befähige. Potenzielle Konflikte zwischen Ökonomie und Ethik behandelt er dann explizit in seinem wirtschaftsethischen Aufsatz «The social responsibility of business is to increase its profits» als Mittler-Agenten-Problematik (Friedman 1970). Dabei betont er, dass ein Betrieb in erster Linie seinem Kapitalgeber gegenüber verantwortlich sei. Für diesen habe er die höchstmöglichen Renditen innerhalb der gesetzlichen Rahmenordnungen zu erwirtschaften und allein die Interessen seiner Eigentümer/Aktionäre zu vertreten. Dies und nur dies sei seine Aufgabe, weswegen Vorstände von Firmen, die sich problematischen rechtlichen Auseinandersetzungen gegenübersehen, selbst im Falle der Illegitimität der eigenen Ansprüche oftmals betonen, sie müssten

schon um des Kapitalschutzes ihrer Anleger willen den Rechts-
weg ausschöpfen.

Ähnlich argumentiert Friedman hinsichtlich aller Kosten, die
nicht durch die Unternehmung selbst entstünden: Würden etwa
Unternehmer mit den ihnen anvertrauten Mitteln nicht die Produktion, sondern soziale Zwecke fördern, läge dies jenseits des
ihnen von den Kapitalgebern übertragenen Mandats, und sie
arbeiteten damit außerhalb ihres Auftrags, gegen die Regeln der
Marktwirtschaft und am Ende auch gegen die Regeln der demokratischen Gesellschaft. Ethik ist damit für Friedman genau wie
für von Hayek gerade kein integraler Teil der Ökonomie, außer
in dem Sinne, dass freier Wettbewerb aus ethischer Sicht ein
Wert an sich ist. Politiker haben demgemäß lediglich die Funktion, die gesetzlichen Rahmenbedingungen für freies ökonomisches Handeln zu sichern (etwa durch Kartellbehörden oder
Bankenaufsicht), während der Unternehmer sich allein darauf
konzentrieren darf, was legal ist, und sich nicht darum kümmern
muss, was in einem konkreten Fall legitim ist. Menschen als Verbraucher und Konkurrenten im freien Wettbewerb bestimmen
das Schicksal von Märkten, von Anbietern und Produzenten.
Mit jeder staatlichen Mittlerinstanz über das notwendige Maß
zur Wahrung der Rechtsordnung und Sicherheit hinaus wird
aus Sicht der radikalen Marktliberalen menschliche Freiheit
unangemessen beschränkt. Der Kapitalismus hat für Friedman
die alleinige Funktion, eine effektive Ordnung zu schaffen, um
individuelle Freiheit gesamtgesellschaftlich zu sichern. Dabei
bleibt allerdings die Frage offen: Wie frei ist etwa derjenige, der
seinen eigenen Lebensunterhalt nicht bestreiten und dadurch
sein Leben nicht nach eigenen Vorstellungen gestalten kann?

An Milton Friedman anknüpfend, entwickelt Gary Becker
(1930–2014) einen umfassenden ökonomischen Ansatz, der
menschliche Wertorientierungen und Ethik in einem neuen Licht
erscheinen lassen will. Becker geht davon aus, dass das Prinzip
des Eigeninteresses nicht nur Märkte beherrscht, sondern auch
die unterschiedlichsten Lebensentscheidungen von der Wahl des
Ehepartners bis hin zur Entscheidung für oder gegen eine kri-
minelle Karriere. Dabei dehnt der ebenfalls aus der Chicago

School stammende Ökonom so theoretisch originell wie höchst extensiv den Ökonomiebegriff aus. Ökonomie umfasst für ihn nicht nur Angebots- und Nachfrageprobleme im Zusammenhang mit Märkten, sondern behandelt alle Knappheitsprobleme des Lebens. Becker exportiert den *Homo oeconomicus* damit in Familie und Privatleben mit menschlichem Altruismus als Korrektiv, was ihm vielfach den Vorwurf eingebracht hat, einem ökonomischen Imperialismus das Wort zu reden. Außerdem fragt sich, ob wirklich alle Güter auf Märkten ohne Veränderung ihres Charakters und Verlust ihres Wertes gehandelt werden könnten – lässt sich Freundschaft bezahlen, und ist sie dann noch, was sie war? Lässt sich inniger familiärer Zusammenhalt kaufen? Der Totalitätsanspruch seiner Theorie wird in diesen Fällen der Lebenswirklichkeit nicht gerecht und ist somit alles andere als ökonomisch wertfrei. Manche Volkswirte sehen dies freilich ganz anders: Zunächst bewerten sie den Totalitätsanspruch nicht so, wie er aus ihrer Sicht von außen häufig in die Volkswirtschaftslehre getragen wird. Kern solcher Modelle sei die Abstraktion, um sich auf die wesentlichen Variablen für die eigene Analyse zu fokussieren. Dies bedeute aber nicht, dass andere Faktoren keinen Einfluss hätten.

Ein weiteres Beispiel macht jedoch deutlich, dass Beckers Modell weniger frei von ethischen Wertungen ist, als er selbst und zahlreiche seiner Kollegen glauben machen möchten: Würde ein Unternehmen dank Tierquälerei am kostengünstigsten produzieren, wäre dies aus der Perspektive einer Wirtschafts- als Effizienzwissenschaft nicht zu tadeln; auch wenn jenseits der Nutzenfunktion politisch wie ethisch ein Tierschutzgesetz wünschenswert sein sollte. An einer solchen Ökonomie, aus der alle Werte außer Kosten und Mehrwert verbannt sind, besteht aber ebenso wenig Bedarf wie an einer Wirtschaftsethik, die ökonomisch inkompetent bleibt. Einflussreich wurde Beckers Ansatz aber schon dadurch, dass er seine Rezipienten immer wieder polarisierte und damit zur Klärung der eigenen Position anregte. Betrachtet man, an diese Beobachtung anknüpfend, welche der dargestellten anglo-amerikanischen ökonomischen Lehren im deutschen Kontext besonders wirksam wurden, dann lässt sich beobachten, dass sich weder ein Keynesianismus noch ein Neoliberalismus eindeutig und einseitig durchsetzte. Vielmehr ist in Deutschland ein Ordoliberalismus als eine Art Mittelposition prägend geworden, der sich in der auch wirtschaftsethisch relevanten Sozialen Marktwirtschaft niederschlug.

Soziale Marktwirtschaft und «Ordoliberalismus»

Einen ordnungspolitischen Brückenschlag zwischen Ökonomie und Ethik, mit welchem sich klassisch neoliberale Ökonomen wie Friedrich August von Hayek oder Milton Friedman, wie gezeigt, schwertaten, versuchte man nach dem Zweiten Weltkrieg auf deutscher Seite mit dem Modell der Sozialen Marktwirtschaft. Es wird hier ausführlicher behandelt, weil es noch immer die Wirtschaftsordnung der Bundesrepublik Deutschland prägt und sich mittlerweile auch die Europäische Union ausdrücklich zu diesem Modell bekennt. Die wohl bekannteste Definition des Begriffs «Soziale Marktwirtschaft» stammt von Alfred Müller-Armack (1901–1978), der als Staatssekretär unter Wirtschaftsminister Ludwig Erhard einer der Namensgeber des Konzepts wurde: «Soziale Marktwirtschaft ist überall dort, wo man sich den Kräften des Marktes anvertraut, und versucht, alle vom Staat, von den sozialen Gruppen anzustrebenden Ziele in dem Doppelaspekt einer freien Ordnung und einer sozial gerechten und gesellschaftlich humanen Lebensordnung zu verwirklichen.» (Müller-Armack 1981, S. 12) Damit wurde in Deutschland nach dem Zweiten Weltkrieg ein Wirtschaftsmodell verwirklicht, das sich in Abgrenzung zu einem Laissez-faire-Liberalismus auf der einen und einer zentral gesteuerten Wirtschaft auf der anderen Seite definiert. Als Fundament diente die Denkschule des sogenannten «Ordoliberalismus», der von Ökonomen der Freiburger Schule wie Walter Eucken (1891–1950), Franz Böhm (1895–1977), Wilhelm Röpke (1899–1966) und Alfred Müller-Armack geprägt wurde. Die Ordoliberalen gingen davon aus, dass nicht allein die «unsichtbare Hand des Marktes» ausreichen würde, um die Früchte wirtschaftlicher Tätigkeit möglichst gerecht zu verteilen. Wirtschaftliche Macht bedürfe in gewissem Grade staatlicher Kontrolle, zuweilen sogar staatlicher Lenkung. Die richtige Mischung sei es dann am Ende, die für Erfolg und Wachstum sorge. In diesem Modell greift der Staat regulierend und, wenn nötig, lenkend in Wirtschaftsprozesse ein, und zwar an den Stellen, wo die private Hand dies nicht ausgewogen für alle am Markt Agierenden leisten kann. Bereits der Begriff «Soziale Marktwirtschaft» gibt der Prämisse dieses Modells Ausdruck, dass Wirtschaft grundsätzlich auf gesellschaftspolitische und ethische Ziele hin auszurichten ist. Wichtiger Pfeiler des bereits ab 1948 in der Bundesrepublik Deutschland umgesetzten Modells war dabei die Herstellung einer echten Wettbewerbsordnung unter gleichzeitiger Anbindung an eine wirtschaftlichsoziale Strukturpolitik, deren Hauptmerkmal die Sozialbindung des Kapitals und die ordnungspolitische Gestaltungskraft des Staates war, welcher die Monopolaufsicht innehatte.

Aus wirtschaftsethischer Perspektive von zentraler Bedeutung ist der auf dem Subsidiaritätsprinzip der katholischen Soziallehre beruhende ökonomische Grundgedanke, dass Eigennutz stets auch an Eigenverantwortung gebunden ist und umgekehrt. Vertragsfreiheit auf der einen und die Möglichkeit staatlicher Intervention auf der anderen Seite zeichnen den Ordoliberalismus aus. Wirtschaftspolitisch soll der Staat nicht eingreifen, sondern die Unantastbarkeit der Würde und Freiheit aller am Markt Beteiligten schützen und die Funktionsfähigkeit der Wirtschaft über ihre Rahmenordnung sicherstellen. Die Denker der Freiburger Schule nahmen dabei zentrale Anliegen des angelsächsischen Liberalismus auf, hatte dieser doch die Freiheit des Einzelnen in den Mittelpunkt gestellt. Im Ordoliberalismus geht man aber davon aus, dass das Individuum auf der Mikroebene als wirtschaftlicher Akteur zwar eigenverantwortlich handelt, aber den ökonomischen Gesamtzusammenhang auf der Makroebene nicht überblicken und gestalten kann. Daraus ergibt sich die Notwendigkeit einer Ordnung (lateinisch *ordo*). In nicht unerheblichem Umfang griffen die Väter der Sozialen Marktwirtschaft auf christliche Grundvorstellungen zurück, beispielsweise auf das Subsidiaritätsprinzip der katholischen Soziallehre, demzufolge die nächsthöhere Ebene erst dann zuständig ist, wenn die untere Ebene nicht weiterkommt, das auch von protestantischer Seite aufgegriffen und weiterentwickelt wurde. Darum war es für die Ökonomen der Freiburger Schule eine Selbstverständlichkeit, neben ökonomischen auch sozialwissenschaftliche und theologische Überlegungen mit einzubeziehen.

Personalität, Solidarität, Subsidiarität: Die katholische Soziallehre

Die katholische Soziallehre rückt die Menschenwürde als zentrale Bezugsgröße in den Mittelpunkt, was von protestantischer Seite aufgegriffen und weiterentwickelt wurde. Auf der Grundlage des Naturrechts formuliert sie darüber hinaus ethische Prämissen für verbindliche Ordnungsvorstellungen, die von protestantischer Seite jedoch nicht geteilt werden können – denn wer hätte ein theologisches Monopol auf die Verbindlichkeit solcher Prämissen? Die katholische Soziallehre bezeichnet sich explizit als «Lehre», weil sie von zentraler Stelle im Wege des päpstlichen Lehramtes eine autoritative Lehrmeinung formulieren und im Wirkungsbereich der katholischen Theologie vorgeben kann. Diese enorme Sichtbarkeit und der große Wirkungsbereich zeigen sich daran, wie aufgeregt die Worte von Papst Franziskus, «Diese Wirtschaft tötet», rezipiert wurden, die er in seinem Apostolischen Sendschreiben *Evangelii Gaudium* formulierte. Denn auch wenn es sich hier um keine dogmatische Aussage mit dem Anspruch auf päpstliche Unfehlbarkeit handelt, so belegt doch die intensive Reaktion vieler Kommentatoren, dass Franziskus' theologisches Monopol auf solche Aussagen zumindest wahrgenommen wird. Mit diesem deutlich kapitalismuskritischen Sendschreiben gelang es dem Papst, in einer breiten Öffentlichkeit Gehör zu finden. Mit und in diesem Sendschreiben stellt sich auch der durch seine südamerikanischen Erfahrungen geprägte Papst Franziskus explizit in die kontinentaleuropäische Tradition der katholischen Soziallehre. Deren Wurzeln reichen bis weit in die griechische Philosophie zurück und haben über die Scholastik vor allem in der Formulierung von drei zentralen Hauptprinzipien ihren Niederschlag gefunden: *Personalität, Solidarität* und *Subsidiarität*.

– Das Prinzip der Personalität rückt die Menschenwürde und damit die zentrale Orientierung am Individuum als Geschöpf Gottes in den Mittelpunkt. Exemplarisch wird diese Schwerpunktsetzung deutlich an der Feststellung Oswald von Nell-Breunings (1890–1991), dass sich am Menschenbild die Sozialethik entscheide.

– Das Prinzip der Solidarität, das im Nachkriegsdeutschland mit dem Godesberger Programm der SPD und der Arbeiterbewegung verbunden wird, lässt sich im Rahmen der katholischen Soziallehre genau von dem personalen Bezug des ersten Prinzips herleiten: Dem Menschen, so die Grundvorstellung, wohnt neben seiner Individualität auch der Bezug zur Gemeinschaft inne, welcher aufs Engste mit dem Begriff «Gemeinwohl» verknüpft ist.

– Das am stärksten auch von Ökonomen rezipierte Kernprinzip aber sollte das dritte werden, das Subsidiaritätsprinzip. Der Terminus leitet sich vom lateinischen Wort *subsidium* (Hilfeleistung, Verpflichtung) ab. Während das Solidaritätsprinzip ein Struktur- und Ordnungsprinzip ist, beschreibt das Subsidiaritätsprinzip ein Zuständigkeitsprinzip: Der Staat als größere Gemeinschaft soll sich nur derjenigen Aufgaben annehmen, die von den kleineren Einheiten nicht zu bewältigen sind. Die Wirkmächtigkeit dieses Prinzips lässt sich u. a. in der deutschen Rechtsprechung daran zeigen, wie das Bundesverfassungsgericht im Jahre 1967 in seinem Grundsatzurteil zum Sozialstaatsprinzip und zur Subsidiarität innerhalb der kommunalen Selbstverwaltung entschied (*BVerfGE* 22, 19, 180): So, wie die kleinere Gemeinschaft und der Einzelne vor dem willkürlichen Zugriff der Gemeinschaft oder des Staates geschützt werden sollen, so wird die größere Einheit im Sinne des Subsidiaritätsprinzips dort Hilfe leisten, wo die kleinere Einheit ihr Ziel allein nicht erreichen kann. Niederschlag hat dieses Prinzip etwa im Eigentumsbegriff gefunden, wie er in Art. 14 GG festgelegt ist, wonach der Staat zwar gesetzlich festlegt, wie jeder mit seinem Eigentum verfahren darf, aber

erst dann einschreitet, wenn die sich daraus ergebenen Pflichten nicht mehr erfüllt werden. Am prominentesten dürfte
aber wohl das Bundesstaatsprinzip in Art. 20 GG sein, wo
das Subsidiaritätsprinzip juristisch definiert wird als «die
vorrangige Erfüllung öffentlicher Aufgaben durch freie Leistungen aus der Gesellschaft vor den Veranstaltungen des
Staates» (Isensee/Kirchhof 2011, §118 Rn. 6).
Ökonomisch erstreckt sich die Anwendung des Subsidiaritätsprinzips von Ludwig Erhards und Alfred Müller-Armacks
Konzept der Sozialen Marktwirtschaft bis hin zum Staatsver-
trag zur Wirtschafts-, Währungs- und Sozialunion (Isensee/
Kirchhof 2011, §115 Rn. 156):

1. Wirtschaftliche Leistungen sollen vorrangig privatwirt-
   schaftlich und im Wettbewerb erbracht werden.
2. Die Vertragsfreiheit wird gewährleistet. In die Freiheit der
   wirtschaftlichen Betätigung darf nur so wenig wie möglich
   eingegriffen werden.

Der protestantisch-evangelische Geist mag insgesamt weniger
dazu beigetragen haben, den Kapitalismus durch die Ordnung
der Sozialen Marktwirtschaft zu zügeln, auch wenn Protes-
tanten an der Entwicklung ihrer geistigen Fundamente entscheidenden Anteil hatten. Umso mehr hat aber dieser Geist dazu
geführt, den Kapitalismus dynamisch wachsen zu lassen – zumindest wenn man der berühmten Weber-These folgt.

Vom protestantischen Geist des Kapitalismus zur evangelischen Sozialethik

Max Weber (1864–1920), der Mitbegründer der modernen
(Religions-)Soziologie, gilt als der Entdecker und Kronzeuge
des engen Zusammenhangs zwischen der Entstehung des modernen Kapitalismus und christlich-protestantischen Wurzeln vor
allem im Calvinismus. Nicht als Theologe, der aus einer Innen-
sicht evangelische Sozialethik entfaltet, sondern als Beobachter
ökonomisch handelnder Christen eröffnet er den Zugang zu

dem, was eine protestantische Ethik und den Geist des Kapitalismus verbindet. Seit 1894 Professor für Nationalökonomie in Freiburg im Breisgau und mit ökonomischen Zusammenhängen bestens vertraut, sucht Weber in seiner *Protestantischen Ethik* (1904/05) nach den geistigen Wurzeln eines Kapitalismus, wie er ihm in der Ausprägung seiner Zeit begegnet. Trotz mancher Kritik an ihrer Uniformität wurde Webers Kapitalismusthese von Soziologen, Theologen und Ökonomen als Prämisse weithin rezipiert und so zur Grundlage zahlreicher ökonomischer und wirtschaftsethischer Entwürfe. Zuzustimmen ist Joseph Ratzinger, dem zufolge Max Weber Karl Marx dahingehend auf den Kopf gestellt habe, dass für ihn nicht mehr das Sein das Bewusstsein, sondern umgekehrt das religiöse Bewusstsein in hohem Maße Wirtschaftsordnungen als Teil des Seins prägte. Wirtschaftlicher Erfolg ist nach Weber das, was viele Menschen antreibt, und Religion war ein wesentliches Kriterium, um ökonomisches Handeln zu erklären.

Wirtschaft im 21. Jahrhundert wird in erster Linie von ökonomischen Interessen/technischen Entwicklungen und immer weniger von religiösen Lebensformen bestimmt. Dennoch ist spätestens seit Weber nur schwer zu bestreiten, dass christliches und vor allem reformatorisches Denken eine wichtige Voraussetzung für den Siegeszug von Kapitalismus und Industrialisierung in Europa und besonders auch in den Vereinigten Staaten war. Dabei macht Weber jedoch anders als viele derer, die sich später auf ihn beriefen, deutlich, dass die Reformation nicht als sozioökonomisches Reformprogramm antrat. Vielmehr war das Nachdenken über wirtschaftsethische Fragen und eine den Kapitalismus fördernde Lebensform nur Nebenprodukt des protestantischen Bemühens, den Menschen in seiner Beziehung zu Gott konsequent ins Zentrum der individuellen Glaubens- bzw. Lebenspraxis zu stellen.

Unter dieser Prämisse erklärt sich auch Webers Bemühen, individuellen Glauben mit persönlicher Berufswahl und Berufsausübung in Beziehung zu setzen. Arbeit zu verrichten ist schon für den Reformator Johannes Calvin (1509–1564) Ausdruck des Nutzens der eigenen Talente, die dem Menschen aus göttlicher

Gnade zum Geschenk gegeben werden, weswegen eine effiziente Lebensführung der angemessene Ausdruck der Wertschätzung dieser Geschenke ist. Unter diesem Aspekt interessiert sich Max Weber darum auch stärker für Calvins Theologie als für die Luthers, wenn er als Soziologe die zunehmende Emanzipation und Eigendynamik eines säkularen Kapitalismus zu erklären versucht. Weber schreibt dem Calvinismus zu, in seiner lebensweltlichen Umsetzung von Calvins Theologie die Grundlagen für die Entstehung des neuzeitlichen Kapitalismus geschaffen zu haben. Die lutherische Berufsethik interessiert Weber in diesem Zusammenhang nur bedingt, weil er darin eher einen traditionalistischen Berufsbegriff vertreten sieht, in welchem der Beruf «hingenommen» wird. Dagegen betont Calvin stärker den Gedanken, dass die Berufsarbeit eine wichtige, von Gott gestellte Aufgabe sei. Die Reformation könne aus Sicht Max Webers insgesamt das Verdienst beanspruchen, von einem Berufsverständnis der rein außerweltlichen religiösen Prämie für innerweltliche berufliche Arbeit wegzukommen.

In der *Protestantischen Ethik* bemüht sich Weber zu belegen, dass Phänomene wie privater Kapitalbesitz, Unternehmertum, Ausbildung der Arbeiterschaft sowie die verstärkte Wahl technischer und kaufmännischer Berufe ihre Wurzeln im aufkommenden Protestantismus haben. Christentum ist für Weber immer und vor allem auch Lebensform und Ausdruck von Freiheit. In protestantischer Perspektive ist der ökonomische Akteur ein «zur Freiheit befreites» Individuum (Galater 5,1). Dieses aus der Reformation als der politischen Form des Evangelischen hervorgehende Moment hat sich in verschiedenen wirtschaftsethischen Entwürfen niedergeschlagen, die gleichwohl – da es hier kein «Lehramt» gibt – keine einheitliche Gestalt aufweisen, wie dies im Allgemeinen bei der katholischen Soziallehre der Fall ist. In der Fülle der protestantischen Arbeiten, angefangen bei Georg Wünsch (1927) über Arthur Rich (1984) bis hin zu regelmäßigen EKD-Denkschriften zu ökonomischen Themen, kommen protestantisch gewollt unterschiedliche theologische Positionen zum Tragen. Allen gemeinsam ist aber, dass sie an die mediale Durchschlagskraft eines Papstwortes und an die Geschlossenheit einer katholischen Soziallehre nicht heranzureichen vermögen.

Ein weiteres Kapitel zu neueren ökonomischen Untersuchungen hätte den Umfang dieses Buches gesprengt. Dabei haben diese Forschungen zu den von der Wirtschaftsethik behandelten Themen Wichtiges beizusteuern. Als Beispiele wären die Spieltheorie und Experimentalökonomik, die Differenzierung zwischen Gemeingütern und öffentlichen Gütern oder auch neuere Experimente zu nennen, bei denen etwa Probanden vor die Wahl gestellt werden, für die Tötung einer Maus Geld zu bekommen oder das Leben derselben Maus zu retten, dabei aber auf eine Zahlung zu verzichten (*Science*, 340/2013, S. 707–711). Auch die empirische Mikroökonomik forscht zu Fragen nach Gerechtigkeit, Glück, Status und Sozialkapital – ökonomische Themenbereiche, auf deren wirtschaftsethische Relevanz im Rahmen dieses Bandes nur hingewiesen werden kann.

> «Absolute Gerechtigkeit gibt es nicht,
> und wenn jemand absolute Gerechtigkeit anstrebt,
> wird es furchtbar ungerecht.»
> *Friedrich von Metzler, Bankier*

3. Schlüsselbegriffe und Grundpositionen

Legitimität

Man stelle sich eine Volkswirtschaft vor, deren Zentralbank den Leitzins auf 0 Prozent gesenkt hat, während die Inflation in dieser Volkswirtschaft bei knapp 2 Prozent p. a. liegt. Dies hat zur Folge, dass sich Geschäftsbanken Geld, das sie ihren Kunden leihen, für einen Zinssatz unterhalb der Inflationsrate ausleihen können, während die Sparkonten der Bankkunden mit Tagesgeldzinsen unter 2 Prozent faktisch an Wert verlieren. In dieser Situation entscheidet sich eine lokale Bank, von ihren Kunden für das Überziehen von Girokonten 11 Prozent Zinsen zu verlangen.

Wer die ethische Legitimität eines konkreten Falles prüfen will, prüfe zuerst die Legalität des Geschilderten, also hier die gesetzliche Grundlage des Handelns der lokalen Bank: Offenbar ist das Finanzprodukt «Dispozinsen» im beschriebenen Fall legal, solange es nicht durch strafrechtliche Regelungen verboten ist oder zivilrechtlich als «Wucher» im Sinne von §138 BGB gelten kann, was bei den angegebenen Dispozinssätzen nach geltendem Recht noch nicht der Fall ist. Aber ist damit das, was die Bank hier tut, im wirtschaftsethischen Sinne legitim, d. h., ist es richtig, fair, gerecht? Die Beantwortung dieser Frage gibt Anlass, zwei Kernbegriffe der Wirtschaftsethik genauer zu analysieren, die bereits im Einleitungskapitel eine Rolle spielten: Legalität und Legitimität – mit dem Gerechtigkeitsbegriff als dem sie zuweilen verbindenden, zuweilen trennenden Band.

Zunächst ist festzustellen, dass es Menschen offenbar leichter fällt, Ungerechtigkeiten zu benennen, als positiv zu definieren, was genau sie unter «gerecht» verstehen. Erklärt einem etwa ein vierjähriges Kind, dass es die Höhe des Taschengeldes oder die Wegnahme eines Spielzeugs als «ungerecht» empfindet, so meint es dies kaum im Sinne eines Konzepts materieller Gerechtigkeit oder Legitimität, sondern es will mit einfachen Worten emotionalen Unmut zum Ausdruck bringen, und zwar im Sinne dieser höchstpersönlich-intuitiven Wertung: «Deine Entscheidung korrespondiert nicht mit meinen aktuellen Präferenzen.»

Während sich durch das Studium des Wortlauts und des Geistes der Gesetze halbwegs sicher feststellen lässt, was legal ist, eröffnet sich bei der Bestimmung des Legitimen das weite Feld der Meinungen und persönlichen Präferenzen. So auch im Fall der Dispozinsen: Ein Banker mag es für das Natürlichste und Legitimste auf der Welt halten, sich gegen Kontoinhaber abzusichern, die mit ihrem Guthaben nicht haushalten können und womöglich morgen schon ihr Konto nicht mehr ausgleichen. Otto Normalkunde mit geregeltem Einkommen hingegen weiß, dass jeder einmal eine überraschende Abbuchung erlebt oder die ungeplante Werkstattrechnung bezahlen muss und doch mit dem nächsten Gehalt wieder aus dem Dispo kommt, und er wittert darum in dem hohen Dispozins ein Geschäftsmodell, das solide Kunden bestraft und an Wegelagerei grenzt. Darauf könnte der Banker erwidern, es stecke nun einmal die Legalität das Feld für neue Geschäftsideen ab, auf dem die flexible Bereitstellung von Kapital eben ihren Preis habe, und der Kunde könne ja zur Konkurrenz wechseln – was voraussetzt, dass andere Banken mit niedrigeren Dispozinsen konkurrieren. An dieser Stelle beginnt sich auch der mit Bankgeschäften wenig vertraute Betrachter für fundamentalethische Fragen zu interessieren: (1) Vermittelt nicht Legalität ihrerseits schon Legitimität, weil Unrechtsgesetze ein Selbstwiderspruch sind? (2) Was kann und soll Legalität leisten, um legitimes Verhalten zu programmieren? (3) Wie sehen rein faktisch die Kreditausfallrisiken der Banken im Dispogeschäft aus? Dass Gesetze legitim sein sollen, ist unter Ethikern unbestritten. Woraus aber fließt diese Legitimität?

Wenn Schüler des Aristoteles wie später christlich-scholastische Rechtsgelehrte auf die natürliche Ordnung oder Gott und seine Schöpfung als Quelle eines legitime Geltung beanspruchenden Naturrechts verwiesen, so mag diese Begründung in einem säkularen Rechtsstaat heute zunehmend weniger überzeugen. Wenn also die Quelle der Legalität von Menschen gemachte Gesetze oder auch Wirtschaftsordnungen sind, dann ist auch deren Legitimitätsquelle sogar in einer Demokratie umstritten, da auch die Mehrheit irren kann. Nur haben selbst umstrittene Gesetze dann, zunächst einmal für sich, legal zustande gekommen zu sein. Auch wer sie ablehnt, bleibt an die Legitimation durch demokratisches Verfahren gebunden, und ihm ist zu empfehlen: Bringe die Mehrheit für eine Gesetzesänderung zusammen, bis dahin aber (be)achte das Gesetz! Dennoch fällt selbst aus dieser Sicht Legalität des Zustandekommens nicht einfach mit Legitimität des Inhalts und der Folgen in eins. Legalität ist nicht deckungsgleich mit Legitimität, auch wenn Max Weber das – ein wenig dezisionistisch – annahm. Denn wenn der Geltungsgrund dessen, was legal ist, bloß von formalen Kriterien des verfahrensgerechten Zustandekommens abhinge, dann würde nicht erst bei einem Gesetz zur Einführung der Zwangsarbeit oder zur Enteignung der Sparer, das auf legaler Ebene prozedural einwandfrei ein Parlament passiert hat, die Legitimität zu Recht in Zweifel gezogen.

Dieselbe Struktur, denselben möglichen Zwiespalt wie zwischen Legalität und Legitimität haben wir bereits bei wirtschaftlichen Fragen wie der nach dem gerechten Lohn des Bäckers und Brauers oder der langfristigen Verteilungswirkung der Produktion kennengelernt. Reicht es für unser Empfinden aus, dass gewaltige Einkommens-, Wohlstands- und Chancenungleichheiten sich ganz allmählich, über die Jahre immer nur auf «korrekte» Weise aufgebaut haben, um sie im Ergebnis gerecht zu nennen und für unantastbar zu erklären? Das wird behaupten, wer an den bestehenden Verhältnissen nicht allzu viel auszusetzen hat und umso mehr bewahrenswert findet. Denker wie Jürgen Habermas dagegen sind überzeugt, dass der Sinn und die Fairness des Gewordenen beständig überprüft werden sollten, dass die Öffentlichkeit sich immer wieder die Fragen stellen sollte: Wie wollen wir gut zusammenleben, und wie nahe sind wir diesem Wunsch? Diese Fragen lassen sich für Habermas nicht allein durch Gesetze beantworten, weil selbst der dazu neigende Rechtsstaat nicht alle Lebensbereiche verrechtlichen kann und soll und weil bloße Legalität, wie gezeigt, nicht ausreicht, um den angemessenen Geist ins Spiel zu bringen und «legale Fouls» (wie das nach dem Schiedsrichterball) zu verhindern.

Darum verlangt aus seiner Sicht eine bestmögliche Gesellschaft über das geltende Recht hinaus einen kontinuierlichen kommunikativen, selbstkritischen, wahrhaftigen und gewaltfreien Diskurs über das Zusammenleben. Dieses Zusammenleben lässt sich auch nicht durch die Wahl des «richtigen» Systems quasi per Autopilot erreichen, beispielsweise durch eine Entscheidung für die Soziale Marktwirtschaft. Der funktionalistische Glaube an die Rationalität und Spurtreue der Systeme ist für Habermas ein bedrohlicher Irrtum. Bestimmte Konflikte nehmen sie gar nicht wahr, selbst ihr fehlerloses Funktionieren stiftet unerwartete Folgeprobleme, und wo immer sie Freiheit zulassen (und das sollen sie ja!), entsteht rasch der Bedarf an Nach- und Neujustierung. Welche Wertmaßstäbe dabei neben den Gesetzen und für ihre Fortschreibung gelten sollen und welche Praxis Akzeptanz findet, lässt sich für Habermas allein im sozialen Diskurs individueller Vernunft in demokratischem Rahmen klären. Und dieser Rahmen braucht ethische Grundlagen. Darum misstraut er der systemgläubigen Verrechtlichung unserer Lebenswelt. Kritiker mögen an dieser Stelle einwenden: Erwarten Habermas und die Rezipienten seiner Diskurstheorie nicht allzu viel von einem Gemeinwesen? Überfordern sie den Staat nicht in dem, was er leisten kann und soll?

Der Dispozins-Fall zeigt: Legalität, die mehr ist als Gesetz gewordenes Unrecht, hat Quellen der Legitimität, die von der demokratischen Willensbildung bis zum ordnungsgemäßen Verfahren reichen. Legalität kann aber ausgenutzt werden zu Zwecken, die unfair wirken, ohne dass dies freilich einem Staat das Recht geben sollte, in die Geschäfte und Kreditverträge seiner Bürger einzugreifen. Denn 11 Prozent Dispozinssatz sind gemäß

§138 des Bürgerlichen Gesetzbuchs kein Wucher und damit legal. Hier werden die Grenzen der Legalität sichtbar: Auch sie lebt von Voraussetzungen, die sie nicht selber garantieren kann, genauso wenig, wie das Fußball-Reglement die Fairness nach dem Schiedsrichterball sicherstellt. Dann helfen entweder legale Generalklauseln, oder es muss, wenn die Diskrepanz zwischen Legalität und Legitimität zu groß wird, legal nachjustiert werden – zum Beispiel in Gestalt eines Gesetzes, das den Banken nur eine bestimmte Bandbreite von Dispozinsen oberhalb von Inflationsrate und Ausfallrisiko erlaubt. Wann immer solche Nachjustierung nötig wird, wird die Rechtssicherheit größer – und der Bereich dessen, was sich zwischenmenschlich von selbst versteht, kleiner. Wer hier «das bessere Teil erwählt hat» (Lukas 10, 38–42), bleibt offen und sollte in einer freien Marktwirtschaft, die den Namen verdient, so offen wie möglich bleiben, um so gerecht wie möglich und so kreativ und dynamisch wie möglich zu bleiben. Legitimität ist aus wirtschaftsethischer Perspektive eine wichtige Kategorie, weil sie nicht in Gegensatz zur Legalität, sondern in deren Ergänzung einerseits das Legale einer strukturierten wirtschaftsethischen Prüfung unterwerfen hilft, andererseits davon entlastet, alles gesetzlich zu regulieren und damit jene Offenheit und Dynamik von Wirtschaft zu unterbinden, von der möglichst viele profitieren können. Und eine solche Beteiligung möglichst vieler zu ihrem Vorteil ist ethisch positiv zu bewerten.

Gerechtigkeit

Unter den vier Kardinaltugenden Gerechtigkeit, Tapferkeit, Klugheit und Mäßigung galt Erstere in der Antike als die wichtigste. Damit ist freilich noch nicht inhaltlich definiert, welche Ansprüche materiell an ein gerechtes Tun in einer konkreten Situation oder in einer konkreten Wirtschaftsordnung gestellt werden können. Auch im Grundgesetz ist nicht definiert, was gerecht ist. Selbst vor Gericht hat man keinen Anspruch auf Gerechtigkeit, sondern lediglich auf ein rechtsstaatlich korrekt zustande gekommenes Urteil. Dies bemerkte John Rawls (1921–

2002), als er sein Prinzip der Gerechtigkeit als Fairness an ein
prozedural gerechtes Verfahren knüpfte. Bei der Beantwortung
der Frage, ob absolute oder relative Standards zu einer gerechte-
ren Verteilung zwischen gegenwärtigen und künftigen Generationen führen, kann exemplarisch Rawls' *Theorie der Gerechtigkeit*
(1971) bei der Strukturierung der daraus erwachsenden, ethisch
wie wirtschaftlich komplexen Verteilungsdilemmata helfen, mit
denen eine nachhaltige Form des Wirtschaftens nicht nur ökonomisch, sondern auch ökologisch und sozial konfrontiert ist. Im
Zentrum steht dabei die Frage, auf «welche Grundsätze für Institutionen, die die Verteilung regeln, sich Personen in einem Ent-
scheidungsverfahren, das fairen Bedingungen genügt, einigen
würden» (Nida-Rümelin/Özmen 2007, S. 654). Ethisch relevant
ist diese Frage nicht zuletzt deshalb, weil sie prinzipiell der Frage
nach dem Guten vorgelagert ist: Das Gute kann nur in Abhängigkeit vom Gerechten bestimmt werden. Das Gerechtigkeitspro-
blem bezieht sich nicht allein auf individuelles Handeln, sondern
auf die gesellschaftliche Normierung von Rechten und Pflichten
bei der Verteilung von Gütern, und zwar solcher Grundgüter wie
etwa Rechte, Freiheiten, Chancen oder Einkommen, «von denen
man annehmen kann, dass sie jeder vernünftige Mensch haben
will» (Rawls 1975, S. 83). Menschen sind nach Rawls rational
und werden in ihrem Handeln durch das Streben nach einem individuellen Vorteil gesellschaftlicher Kooperation sowie einem
möglichst großen Anteil an gesellschaftlichen Gütern angetrieben. Eine Lösung dieser Spannung zwischen Gemeinwohl
und Eigennutz ist nach Rawls durch eine Gerechtigkeitsvorstel-
lung zu erreichen, der alle Gesellschaftsmitglieder zustimmen.

Rawls' Ansatz lässt sich in intergenerationeller Perspektive
auf die Frage ausweiten, wie Rechte und Güter nicht nur
zwischen gegenwärtigen Personen und Gruppen, sondern auch
zwischen verschiedenen Generationen gerecht verteilt werden
können, das heißt ganz konkret: Wie viel sollten wir künftigen
Generationen von dem zugestehen, über das wir gegenwärtig
verfügen, um gerecht zu handeln? Mit dieser Erweiterung wird
Rawls' Gerechtigkeitstheorie darum für den Nachhaltigkeits-
diskurs höchst anschlussfähig. Aus Sicht von Rawls wird ein

Gerechtigkeitskriterium dann die notwendige Zustimmung erhalten, wenn es von den natürlichen, gesellschaftlichen und individuellen Gegebenheiten absieht und den Einfluss individueller Neigungen und Vorstellungen unterbindet. Diese Situation bildet das Gedankenexperiment des sogenannten Urzustandes ab, in dem Entscheider gedanklich anonymisiert werden, so dass unter dem «Schleier des Nichtwissens» weder sie selbst noch andere ihre Identitäten und Interessen kennen können (Rawls 1975, S. 162). Ergänzt man das Experiment um eine generationsübergreifende Perspektive, so bleibt auch die Zugehörigkeit der Entscheider zu einer bestimmten Generation – sei es die gegenwärtige oder eine wie weit auch immer in der Zukunft lebende – unter dem Schleier des Nichtwissens verborgen. Ein Beteiligter kann vor diesem Hintergrund nicht mehr wissen, ob die Lösung, für die er plädiert, ihm oder einer anderen Generation zugutekommt bzw. ob er bereits deren negative Konsequenzen zu tragen hat oder erst kommende Generationen. Nach Rawls' Gedankenexperiment würden sich die Menschen in einer solchen verschleierten Situation auf ein Gerechtigkeitskriterium einigen, das zwei Grundsätze umfasst.

Die im ersten Grundsatz formulierten, streng egalitaristisch verteilten Grundgüter wie Bürger- und Menschenrechte sowie Grundfreiheiten sind dem ersten Grundsatz vorgelagert. Sie dürfen nicht «zugunsten einer höheren Effizienz des Wirtschafts- und Sozialsystems eingeschränkt werden» (Nida-Rümelin/Özmen 2007, S. 658). Der zweite Grundsatz thematisiert die sozioökonomischen Grundgüter und zieht auch hier die Gleichverteilung als Basis der Beurteilung möglicher Verbesserungen heran. Für den Fall, dass eine mögliche Ungleichverteilung zu Verbesserungen für alle, und zwar insbesondere für die am schlechtesten gestellte Gruppe einer Gesellschaft führt, kann sie jedoch durchaus zulässig sein.

Im Urzustand findet eine Bewertung ökonomischer und sozialer Verhältnisse nach dem Effizienzprinzip statt. Angestrebt wird ein pareto-optimaler Zustand, das heißt eine Güterverteilung, in der niemand mehr besser gestellt werden kann, ohne jemand anderen schlechter zu stellen. Wenn sogar die Gene-

John Rawls' Gerechtigkeitsgrundsätze

Erster Grundsatz

Jedermann hat gleiches Recht auf das umfangreichste Gesamtsystem gleicher Grundfreiheiten, das für alle möglich ist.

Zweiter Grundsatz

Soziale und wirtschaftliche Ungleichheiten müssen folgendermaßen beschaffen sein:

Sie müssen unter der Einschränkung des gerechten Spargrundsatzes den am wenigsten Begünstigten den größtmöglichen Vorteil bringen, und

sie müssen mit Ämtern und Positionen verbunden sein, die allen gemäß fairer Chancengleichheit offenstehen.

Erste Vorrangregel
(Vorrang der Freiheit)

Die Gerechtigkeitsgrundsätze stehen in lexikalischer Ordnung; demgemäß können die Grundfreiheiten nur um der Freiheit willen eingeschränkt werden, und zwar in folgenden Fällen:

Eine weniger umfangreiche Freiheit muss das Gesamtsystem der Freiheiten für alle stärken;

eine geringere als gleiche Freiheit muss für die davon Betroffenen annehmbar sein.

Zweite Vorrangregel
(Vorrang der Gerechtigkeit vor Leistungsfähigkeit und Lebensstandard)

Der zweite Gerechtigkeitsgrundsatz ist dem Grundsatz der Leistungsfähigkeit und Nutzenmaximierung lexikalisch vorgeordnet; die faire Chancengleichheit ist dem Unterschiedsprinzip vorgeordnet, und zwar in folgenden Fällen:

Eine Chancen-Ungleichheit muss die Chancen der Benachteiligten verbessern;

eine besonders hohe Sparrate muss insgesamt die Last der von ihr Betroffenen mildern. (Rawls 1975, S. 336 f.)

rationszugehörigkeit in der Entscheidungssituation unter dem
Schleier des Nichtwissens verborgen ist, besteht also an eine
Lösung der Anspruch, keine Generation schlechter zu stellen als
eine andere. Da einige der möglichen effizienten Verteilungen
jedoch den Gerechtigkeitsintuitionen entgegenstehen, bedarf es
des Differenzprinzips, das zwischen den gleichermaßen effizienten
Ungleichverteilungen diejenigen bestimmt, die insofern gerecht
sind, als sie «zur Verbesserung der Aussichten der am wenigsten
begünstigten Mitglieder der Gesellschaft bei[tragen]» (Rawls
1975, S. 96). Dementsprechend fordere jede rationale Person
ein möglichst hohes Minimum für die Gruppe der am schlechtesten Gestellten, weil er/sie selbst zu dieser Gruppe gehören
könnte, wenn der Schleier des Nichtwissens weggezogen werde.

Der Rawls'sche Ansatz bot ein überzeugendes wie innova-
tives Gerechtigkeitsrezept für eine gesellschaftliche Stunde null,
die vielleicht nie herrschte, definitiv aber nicht mehr vorliegt.
Rawls bot weiterhin einen guten Maßstab zur Kritik an der
Güter- und Chancenverteilung im Hier und Heute, aber kein
Rezept dafür, wie die damit etwa festgestellten Ungerechtigkeiten ausgeräumt werden sollten (durch demokratische Mehr-
heiten und gute Politik natürlich, aber das war schwerlich ein
neuer Fingerzeig). Und ein Element in seinem Ansatz kam womöglich zu kurz: das Gute, das sich allein durch Zusammenarbeit und Zusammenhalt schaffen lässt, nicht durch Urverteil-
lung und Umverteilung von Gütern. An dieser Stelle setzten u. a.
die sogenannten Kommunitaristen an. Den entsprechenden
Positionen so unterschiedlicher Vertreter wie des Politikwissen-
schaftlers Robert Putnam, des Philosophen Charles Taylor oder
des Soziologen Amitai Etzioni schien dabei eines gemeinsam:
die Betonung der Bedeutung des zivilgesellschaftlichen Engage-
ments für die soziale Kohäsion unter gleichzeitiger Stärkung
von kommunalen wie nationalen Besonderheiten auch und gerade im Zeichen einer fortschreitenden Globalisierung. In Abgrenzung zu Rawls betont der Kommunitarismus die kulturell
wie sozial bestimmten Identitäten der Menschen, die sich in
Gruppen und Gemeinschaften zusammenschließen, die eher zu
stärken als zu nivellieren seien. Im Bild Robert Putnams macht

das Bowling allein eben keinen Spaß. Dass Amerikaner sich immer weniger Bowlingvereinen anschlössen, geschehe letztlich auf Kosten des gesellschaftlichen Zusammenhalts wie der Qualität des Spiels. Wirtschaftsethisch wurden solche Ansätze jedoch weit weniger rezipiert als das Gerechtigkeitskonzept eines John Rawls, da sich der globale Markt immer weniger kommunitaristisch verhielt. Kennzeichen dieser ökonomischen Globalisierung wurden zunehmende Beschleunigung und Entgrenzung, und es scheint keine transnationale Institution zu geben, die nachhaltig und effektiv beeinflussen könnte, wie sich sieben Milliarden Konsumenten oder Produzenten verhalten oder was sie für gerecht halten.

Gleichheit und Gleichberechtigung

Bereits durch die Modifizierung des Begriffs «Chancengleichheit» in «Chancengerechtigkeit» durch Rawls wurde deutlich, wie behutsam man aus ethischer Sicht mit dem Gleichheitsbegriff umgehen sollte. Menschen können zwar gleiche Rechte und die gleiche Würde haben, aber das macht sie noch nicht gleich: Ein 2,10 Meter großer Basketballer hat zumindest statistisch bessere Chancen als ein 1,50 Meter großer, mit diesem Sport erfolgreich sein Geld zu verdienen. Talente sind unterschiedlich verteilt. Mit Blick auf das Rawls'sche Verständnis von *equality* ist daher fraglich, ob der Gleichheitsbegriff als taugliches Kriterium für das wirtschaftsethische Denken in einer Welt verwendet werden kann, die sich dadurch auszeichnet, dass Ressourcen und Möglichkeiten global zunehmend ungleich verteilt sind. Die Forderung nach Gleichheit richtet sich dort in erster Linie auf ein höheres Maß an Verteilungsgerechtigkeit.

Während man im Allgemeinen «Gleichheit» mit dem Motto der Französischen Revolution und dem Erstarken des Marxismus nach 1848 in Verbindung bringt, erscheint der Begriff «Gleichberechtigung» als ein moderner, juristisch belegter Terminus. Berechtigung meint dabei die Möglichkeit, ein Recht zu gebrauchen, was eine entsprechende Festlegung bzw. Kodifizierung von Rechten voraussetzt. Gleichberechtigung erweitert den Gleichheitsbegriff um eine aktive Komponente und dynamisiert ihn so. Alle sollen gleich berechtigt sein, ihr Glück zu schmieden – aber schmieden müssen sie es schon selber. Historisch war es der aufbrechende Konflikt zwischen rechtlicher Gleichstellung und sozio-ökonomischer Ungleichheit, der dem modernen Begriff der Gleichberechtigung als Präzisierung des Gleichheitsbegriffs zum Durchbruch verhalf. Karl Marx wies auf das Problem hin, dass dem Individuum Gleichheit im Sinne von rechtlicher Gleichberechtigung zugestanden wird, während das Verhältnis der Angehörigen der Bourgeoisie zum Proletariat ein immer größeres Maß an ökonomischer Ungleichheit auszeichnet. In der Folge vermieden auch zunehmend bürgerliche Demokraten den Begriff der Gleichheit und ersetzten ihn durch «Gleichberechtigung». Die Emanzipationsbewegung griff den Begriff der Gleichberechtigung Ende des 19. Jahrhunderts auf, um ihre konkreten Ziele, etwa die rechtliche Gleichstellung der Frau, hervorzuheben. Der abstraktere Gleichheitsbegriff trat damit in den Hintergrund.

In der Gegenwart bedient man sich einer Vielzahl von Formulierungen, um konkreten Bestrebungen zur Herstellung sozioökonomischer oder politischer Gleichheit Ausdruck zu verleihen: Gleicher Lohn für gleiche Arbeit, Gleichberechtigung der Geschlechter oder Chancengerechtigkeit sind die entsprechenden Schlagwörter. Sie knüpfen an Art. 3 GG an, wonach Gleiches gleich und Ungleiches entsprechend ungleich zu behandeln ist. Eine der zentralen Aufgaben eines Rechtsstaates ist es, dafür zu sorgen, dass Gleichberechtigung von Mann und Frau, von Kranken und Gesunden, von Jung und Alt auf allen Ebenen auch institutionell garantiert und verwirklicht wird. Es reicht nicht das gleiche Recht aller, Unternehmen zu gründen oder unter Brücken zu schlafen. Um aus der abstrakten Berechtigung realistische Optionen zu machen, sind institutionelle Vorkehrungen wie ein gutes Bildungswesen, Starthilfen für Unternehmensgründer und anderes mehr notwendig. Was der Sozialstaat zwar fördern, aber nicht garantieren kann, ist soziale und ökonomische Angleichung der Lebensstandards. Hier enden die Möglichkeiten eines sozialen Rechtsstaates mit freiheitlicher

Wirtschaftsordnung, für den es genau dann nicht zuträglich ist, etwa ein Recht auf einen Arbeitsplatz konstitutionell festzuschreiben, wenn niemand für dessen Umsetzung rechtlich haftbar zu machen ist oder dadurch der Staat gedrängt wird, durch entsprechende Arbeitsbeschaffungsprogramme Arbeitsplätze zu simulieren, obwohl sie sich wirtschaftlich nicht rechnen – was auf die Dauer die öffentlichen Finanzen ruiniert. Darum scheint die Ersetzung des Gleichheitsbegriffs durch den Begriff «Gleichberechtigung» in einer Wirtschaftsethik sinnvoll, die deutlich machen sollte, dass Menschen nicht gleich sind, aber als gleichberechtigte Individuen eine unantastbare Würde besitzen. Zudem bleibt immer wieder neu zu prüfen und auszuhandeln, wie weit innerhalb einer marktwirtschaftlichen Logik und Ethik staatlicherseits der Versuch vorangetrieben werden soll, den Marktteilnehmern und Bürgern gleiche Startchancen und einen gerechten Anteil an der volkswirtschaftlichen Produktivität und am insgesamt erreichten Wohlstandsniveau zu sichern.

Verantwortung

Wenn etwas in wirtschaftsethischen Diskussionen beinahe ebenso häufig eingefordert wird wie Gerechtigkeit, dann sind es Verantwortung und Vertrauen. Diese beiden Begriffe sind gerade im Marketing darum so beliebt, weil sie als positiv besetzte Worte auf den sie Verwendenden in dem Sinne abstrahlen sollen, dass er «gut», «ehrlich», «verantwortungsvoll» in seinen Geschäftspraktiken und als ökonomischer Handelnder insgesamt «ehrbar» und fair wirken soll. Sie haben aber ähnlich dem schon von Friedrich August von Hayek als «Wieselwort» kritisierten Begriff der «sozialen Gerechtigkeit» einen Nachteil, der für ein Unternehmensmarketing allerdings besonders vorteilhaft sein kann: Sie sind materiell kaum fassbar und damit als ethischer Maßstab schwer zu konkretisieren und zu kontrollieren. Was legal ist, steht im Gesetz. Aber wie handelt man konkret «verantwortungsvoll»? Das Wiesel mit seinen spitzen Zähnen lässt das Ei scheinbar unverletzt und doch leergesogen zurück, und der Ruf nach Vertrauen und Verantwortung ist meist ein

Symptom dafür, dass beide dahin sind. Liegt das an den Begriffen selber? Lässt sich, was angemessenes Vertrauen auf Verantwortung und verantwortungsbewusstes Verhalten bedeutet, nicht ausreichend klar definieren, um ein verpflichtender Maßstab und eine erhellende Orientierungshilfe sein zu können? Julian Nida-Rümelin (Nida-Rümelin 2011, S. 11) differenziert nach Verantwortlichkeiten

– in sozialen Rollen,
– durch vorausgegangene Handlungen,
– durch etablierte kulturelle Praktiken.

Bei der Ausübung vieler Berufe fallen alle drei Bereiche oftmals nicht nur zusammen, sondern führen zu unternehmensethischen Dilemmata. Man denke etwa an die Rolle des Familienunternehmers, der gleichzeitig Vorsitzender der örtlichen Schützengilde ist, nach wirtschaftlich notwendigem Abbau von lokalen Arbeitsplätzen. Einerseits muss er im Betrieb notgedrungen die eigenen Schützenbrüder entlassen, andererseits weiß er aber von so manchem Vereinsabend her, wie schwer das deren Familien treffen wird. Kern solcher wirtschaftsethisch relevanten Themenfelder ist dabei vielfach die offene Frage, wer überhaupt Verantwortung ausüben kann und sollte. Denn Unternehmen sind nicht moralfähig. Die Deutsche Bank ist weder «gut» noch «schlecht», moralische Akteure und verantwortlich sind vielmehr primär die in ihrem Namen Handelnden. Unternehmerische Werte werden von Mitgliedern des Unternehmens vertreten oder eben nicht. Im Alltag ist häufig davon die Rede, dass etwa eine Führungskraft «Verantwortung trägt». Gleichzeitig werden *moral leaders* gefordert und scheinbar auch geschult, jedenfalls wenn man dem gleichnamigen Kurs, zum Beispiel an der Harvard Business School, Glauben schenkt.

Wie lässt sich der Verantwortungsbegriff als Teil der Managementlehre, ja selbst des Controlling und Marketing, im Rahmen einer Wirtschaftsethik einordnen? Festzuhalten ist, dass es einer Marketingabteilung beim Rekurs auf «unternehmerische Verantwortung» in den meisten Fällen nicht um ethische Problemlagen im engeren Sinne geht. Wenn in einem Unternehmen zwischen den Führungskräften Aufgaben, Kompetenzen und

Verantwortungsbereiche verabredet und in einer Matrix fixiert werden, ist das zunächst eine bewährte Managementpraktik. So können dann im Führungsalltag, dem Wortstamm «Verantwortung» folgend, Antwort- oder Rechenschaftspflichten eingefordert werden. Damit ist der Begriff im Kontext der Managementlehre, wo er hilft, Entscheidungspraxis im Rahmen arbeitsteiliger Wertschöpfungsaktivitäten zu strukturieren, hilfreich – aber taugt er auch für eine Wirtschaftsethik? In ethischer Hinsicht weist er die Schwäche auf, dass er die Grundlage der eingeforderten Antwortpflicht nicht hinreichend deutlich zu machen vermag. Anders verhält es sich mit dem Begriff «Legalität», der spätestens in jedem Jahresabschluss hinreichend zur Geltung kommen sollte: Hier hat Rechenschaftspflicht eine eindeutige Rechtsgrundlage und einen vergleichsweise klaren Inhalt. Aber mehr noch, der Verantwortungsbegriff im Führungskontext ist sogar irreführend, wie die erwähnte diffuse Forderung nach *moral leaders* deutlich macht. Er beinhaltet die stete Gefahr der Moralisierung. Ist eine Führungskraft unternehmerisch erfolglos, dann lässt sich das in allen möglichen Kategorien bewerten, aber nicht unbedingt in ethischen. Im Gegenteil, vor einer moralisierenden Verurteilung von Entscheidungsträgern würde eine Ethik explizit warnen.

Welche philosophischen Ansatzpunkte bieten sich aber dann jenseits solcher Fragen des Managements, um den Verantwortungsbegriff auf sein heuristisches Potenzial für eine Wirtschaftsethik zu prüfen? Ein die Generation der Umweltbewegung prägendes Deutungskonzept von «Verantwortung» entwickelte weit jenseits von ökonomischen und Managementfragen der Philosoph Hans Jonas (1903–1993). Es soll exemplarisch dargestellt werden, weil es eine so breite und tief reichende Wirkung entfaltet hat: Hans Jonas versteht ethische Verantwortung als «nicht-reziprokes Verhältnis» (Jonas 1987, S. 177; vgl. auch Oermann/Weinert 2014, S. 75 f.), dessen Asymmetrie sich aus der Macht eines Moralsubjektes über ein oder etwas anderes ableitet, das der Fürsorge bedarf: «Verantwortung ist die als Pflicht anerkannte Sorge um ein anderes Sein, die bei Bedrohung seiner Verletzlichkeit zur ‹Besorgnis› wird.» (Jonas 1987,

S. 391) Jonas formuliert in Ergänzung zu Kants Maxime «Handle nur nach derjenigen Maxime, durch die du zugleich wollen kannst, dass sie ein allgemeines Gesetz werde» (Kant 1970, S. 51) einen um Erfahrungen seiner Gegenwart aktualisierten Kategorischen Imperativ: «Handle so, dass die Wirkungen deiner Handlung verträglich sind mit der Permanenz echten menschlichen Lebens auf Erden» bzw. «Handle so, dass die Wirkungen deiner Handlung nicht zerstörerisch sind für die künftigen Möglichkeiten solchen Lebens» (Jonas 1987, S. 36).

Diese Thesen entstanden Ende der 1970er Jahre in einem besonderen Kontext, der nicht nur ökonomischer, sondern vor allem ökologischer Natur war, der Risikoabschätzung im Zusammenhang mit atomarer Energienutzung. Dabei wird zweierlei deutlich: Zum einen lässt sich die Verknüpfung des Verantwortungsbegriffs mit dem Kant'schen Pflichtbegriff auf der Zeitachse gut mit der Nachhaltigkeitsdebatte verbinden, wie später zu zeigen sein wird. Zum anderen wird über den ökologischen auch für den unternehmerischen Kontext deutlich, dass die Ethik die für ein konkret verantwortungsvolles Handeln notwendigen Folgenabschätzungen oftmals nicht selber durchführen kann, sondern dazu das Gespräch mit der relevanten Bezugswissenschaft braucht. Hans Jonas hat mit dem Begriff und Prinzip der Verantwortung der Debatte um das richtige ökonomische und ökologische Verhalten Richtung und Halt gegeben. Allerdings zeigte sich auch hier bald wieder, dass die eigentlichen Schwierigkeiten in der Konkretisierung liegen: Wen treffen welche Verantwortungspflichten? Wer darf berechtigterweise welche Erwartungen auf verantwortungsvolles Verhalten hegen? Worauf können wir in Sachen Verantwortung bei den anderen vertrauen? Je weniger Verantwortung jeweils geregelt ist – gesetzlich, vertraglich oder durch Gepflogenheiten –, desto fragiler wird die Grundlage für ein Vertrauen auf verantwortungsgerechtes Verhalten. Der Philosoph Ludwig Wittgenstein (1889–1951) hat dafür den Begriff «Gewissheiten» benutzt, von denen jede Ethik lebt. Das «Prinzip Verantwortung» ist darum oft mehr ein Hintergrundleuchten, ein Horizont, an dem sich die Gestaltung des Umgangs miteinander und mit der

Schöpfung ausrichten kann, und es ist auch ein Appell, die vielfältigen Beziehungen zwischen Menschen und Natur verantwortungsbewusst zu ordnen.

Verantwortung ist kein Selbstläufer. Zudem wird sie gerne mit dem Begriff Rechenschaft verwechselt: Verpflichtet sich etwa ein Arbeitnehmer in einer Ziel- und Leistungsvereinbarung, bestimmte Aufgaben zu erfüllen, so kann man von ihm verlangen, darüber Rechenschaft abzulegen. Verantwortung bedeutet aber mehr: Sie hat eine Referenzgröße, etwa das eigene Gewissen, dessen Freiheit darum auch ausdrücklich in Art. 4 GG geschützt wird. Und sie ist nicht einfach delegierbar: Ein Unternehmer muss die Verantwortung auch für Ereignisse in seinem Betrieb übernehmen, die er selbst gar nicht verursacht haben mag, die aber Dritte an Leib und Leben geschädigt haben. Diese enorme Chance des Verantwortungsbegriffs zeigt aber auch das Problem für jede Ethik: Wo endet diese Verantwortung trennscharf und bei wem?

Vertrauen

Vertrauen ist gut, Kontrolle ist besser. In diesem Lenin zugeschriebenen Satz wird der Grund für die Beliebtheit wie terminologische Janusköpfigkeit des Vertrauensbegriffs deutlich. Denn einerseits wird jeder in einer Ehe Lebende sofort bestätigen, dass Vertrauen die Grundlage dieser Verbindung ist. Andererseits wird derjenige, der «Vertrau mir» sagt, statt auf vertrauensbildende Erfahrungen zu verweisen, dieses Vertrauen mindestens schon einmal bei dem, an den er da appelliert, erschüttert oder gar verloren haben. Für Unternehmen bedeutet in der Marktwirtschaft Vertrauen Kundenbindung, und die ist so kostbar wie flüchtig. Vertrauen kommt zu Fuß und flieht zu Pferde, und es stecken meist Jahrzehnte harter Arbeit und nie enttäuschter Erwartungen dahinter, wenn am Ende ein Markenname zur Produktbezeichnung wird und der Schnupfenpatient nur noch zu fragen braucht: «Hast du mal ein Tempo?», um verstanden zu werden.

Der Begriff Vertrauen bezeichnet ein zweiseitiges Verhältnis –

Vertrauen wird gegeben, und es muss als Verpflichtung erkannt und angenommen werden. Darum ist er für die ethische Bewertung zwischenmenschlicher Verhaltensweisen so wichtig wie nützlich – vorausgesetzt, er lässt sich ausreichend genau definieren und operationalisieren. Daran haben sich schon Generationen von Denkern versucht. Bei Niklas Luhmann (1927–1998) nimmt Vertrauen den Charakter einer Verhaltenserwartung an, die es dem Einzelnen und der Gesellschaft erlaubt, überhaupt zu funktionieren (Luhmann 2000). Ohne Vertrauen auf ein halbwegs zivilisiertes Verhalten aller anderen wäre es für jeden vernünftiger, im Bett zu bleiben. Diese Vertrauensdefinition kommt jedoch weitgehend ohne ethische Begründungen aus. Das Vertrauen speist sich vor allem aus der Erfahrung, dass es von Tag zu Tag richtig liegt: Die Fahrer fahren rechts und halten an roten Ampeln. Dies ist zunächst keine ethische Sollenskategorie im Sinne Kants.

Andere Vertrauensbegriffe, gerade in der Wirtschaftsethik, sind darum weit anspruchsvoller. Sie bauen die Praxis des Vertrauens aus Individualbeziehungen auf: der Nachbar, dem ich meinen Postkastenschlüssel anvertraue, der Neffe, der mich im Auto mitnimmt und auf dessen Fahrerlaubnis und Nüchternheit ich vertraue, oder auch der persönlich bekannte, mir «vertraute» Bankberater, auf dessen Ausbildung, Kenntnis und Redlichkeit ich vertraue. Diese Beispiele zeigen, wie sich aus individuellen Vertrauenserfahrungen ein Netz dessen bildet, worauf «man» getrost vertrauen kann und worüber man empört ist, wenn das Vertrauen enttäuscht wird, und zwar (und das ist für die Verallgemeinerbarkeit von Vertrauens- und Verantwortungsstandards wichtig) empört nicht allein, wenn das eigene Vertrauen verletzt wurde, sondern auch dann, wenn es einen anderen Menschen, ja einen völlig Fremden trifft: Wir hören, wie eine Mutter der Nachbarin das Kind anvertraute, die es fast verdursten ließ, und sind empört, weil wir *wissen*, wie sich die Mutter nun fühlt. Wir lesen, wie eine Bank vertrauensvollen älteren Kunden «legal» dubiose Fonds verkauft hat, und sind empört, weil wir selber für Ältere sorgen und daher wissen, dass wir im Alter auf Sorge angewiesen sein werden. Vertrauen und

Verantwortung werden in solchen Fällen schnell zu einem sehr präzisen Instrument der ethischen Bewertung.

Diese Beschreibung macht deutlich, dass Vertrauen hilft, die prinzipiellen Ungewissheiten, die beispielsweise allen unternehmerischen Aktivitäten innewohnen (In welchen Markt/welches Produkt sollen wir investieren? Auf welche Strategie legen wir uns als Unternehmen fest? Was ist unsere Verantwortung gegenüber Kunden/in Produktionsstandorten?), zu bewältigen. Vertrauen reduziert Komplexität. Gleichzeitig wird aber auch klar, dass die ethische Aufladung, welche der Vertrauensbegriff ähnlich dem Begriff der Verantwortung erfährt, in einer wirtschaftlichen Analyse nicht immer konkret weiterhilft. Denn was genau geschieht bei einem Vertrauensbruch je nach Grad der Schwere? Ist dann im Sinne Lenins Kontrolle nicht tatsächlich besser als Vertrauen? Wenn zum Beispiel eine Bank ihren Kunden verspricht, dass auch für sie «Vertrauen der Anfang von allem ist», dann kommen einem sogleich Beispiele in den Sinn, wo ein «gesundes Misstrauen» so manchen konservativen Sparer vor der Unterzeichnung einer vom Bankberater empfohlenen spekulativen Anlagestrategie und den damit verbundenen Ausfallrisiken bewahrt hätte.

Vertrauen ist ein sozialer Mechanismus in Beziehungen und damit ökonomisch relevant, da Marktbeziehungen vielfach auch persönliche Beziehungen sind. Dennoch ist es nicht unproblematisch, marktwirtschaftliches Handeln über Begriffe wie Vertrauen und Verantwortung moralisierend so weit aufzuladen, dass Misstrauen immer «böse» und Vertrauen stets «gut» ist. Dieses Urteil wäre alles andere als eindeutig und je nach Zeit und Ort stark schwankend. Wenn ich also von einem Unternehmer einfordere, «verantwortlich» zu handeln, um «Vertrauen zu gewinnen», dann ist dieser Appell weit weniger eindeutig und damit weniger überzeugend als die legal stets überprüfbare Frage, ob der Unternehmer ehrlich handelt. Gleichzeitig lebt jede Bank von dem Vertrauen ihrer Kunden, die bei Vertrauensverlust im Wege eines *bank runs* (Sturm auf die Bankschalter) jederzeit das Geschäftsmodell jedes Finanzinstituts scheitern lassen könnten. Mit Vertrauen zu rechnen, ist darum ökono-

misch unverzichtbar. Allein auf dem Vertrauensbegriff eine ganze
Unternehmensethik aufbauen zu wollen, ist allerdings allzu ehr-
geizig.

Ein weiteres Beispiel: Stiehlt eine Kassiererin einen Pfandbon,
hat sie damit nicht nur in sie gesetztes Vertrauen enttäuscht,
sondern einen Diebstahl begangen. Wirtschaftsethisch kontrovers ist die arbeitsrechtliche Frage, ob die Wegnahme einer so
geringwertigen Sache die Aufhebung eines Arbeitsverhältnisses
rechtfertigt. Der Appell an beide Seiten, wieder verantwortungsvoll miteinander umzugehen, um Vertrauen zu gewinnen, führt
hingegen zumindest an dieser Stelle nicht weiter. Denn ein
Arbeitgeber würde auf einen solchen Appell zu Recht antworten: «Was Vertrauen im Allgemeinen ist, weiß ich. Dass Vertrauen in die Redlichkeit der Mitarbeiter berechtigt ist, weiß ich
auch. Was aber einen allgemeinen Vertrauensvorschuss an diese
konkrete Mitarbeiterin anlangt, weiß ich es nun besser.» Allen-
falls ließe sich dann noch fragen, ob es eine unternehmerische
Verantwortung gibt, Mitarbeitern eine zweite Chance zu gewähren (Was müssten diese Mitarbeiter und ihre Vorgesetzten
konkret dafür tun?). Als sozialer Mechanismus sind Vertrauen
und Verantwortung entscheidend. Nur scheinen beide Begriffe
weniger konkret als die ethische zentrale Differenz zwischen den
Termini «legal» und «legitim». Ihr heuristisches Potenzial im
Rahmen einer Wirtschaftsethik ist limitiert, da sie – obgleich
moralisch stark aufgeladen – nicht hinreichend präzise werden
können, um in der Strukturierung ethischer Dilemmata deutlich
als legitimer Anspruch an die Handelnden konkretisiert und
eingefordert oder eingeklagt werden zu können. So wie Gesetze
nicht «sind», sondern «gelten», ist Vertrauen wirtschaftsethisch
nicht alles, aber im Sinne des Schopenhauer'schen Diktums
ohne Vertrauen alles nichts.

Menschenwürde und Menschenrechte

In der Wirtschaftsethik kann man sich schnell verständigen:
Dass etwa die gesundheitliche Schädigung von Arbeitnehmern
oder ein Ausschluss von großen Teilen der Weltbevölkerung

von den Welt- und damit von Arbeitsmärkten Menschen in ihrer Würde verletzen kann, ist weitgehend unumstritten. Sucht man nach einer von allen akzeptierten Definition von Menschenwürde, stößt man schon auf größere Schwierigkeiten. Bereits bei Cicero bedeutet Würde (lateinisch *dignitas*) nicht nur gesellschaftlichen Status oder eine besonders wertvolle, ethische Haltung, sondern hat immer auch mit dem Menschen als Spiegel der Natur und als Spiegel des Göttlichen zu tun. Das erinnert an die Gottesebenbildlichkeit als Quelle der menschlichen Würde in der jüdisch-christlichen Tradition.

Neben diesem religiösen Begründungszusammenhang sind zwei prominente Definitionen schon angesprochen worden: zum einen die Unantastbarkeit der Würde in Art. 1 GG und zum anderen die sogenannte Zweckformel des Aufklärungsphilosophen Kant, es solle ein Mensch «niemals nur als Zweck, sondern jederzeit auch als Mittel» gebraucht werden. Im Anschluss an die Aufklärung wird der Schutz der Menschenwürde im 18. und 19. Jahrhundert zunehmend zur politischen Forderung erhoben, bevor er schließlich in der Allgemeinen Erklärung der Menschenrechte im Jahr 1948 kodifiziert wird. Im ersten Artikel dieser Erklärung, welcher klar als Synthese der amerikanisch-puritanischen und der französisch-säkularen Tradition zu erkennen ist, heißt es: «Alle Menschen sind frei und gleich an Würde und Rechten geboren. Sie sind mit Vernunft und Gewissen begabt und sollen einander im Geiste der Brüderlichkeit begegnen.»

Die Menschenrechte wie auch die Grundrechte des deutschen Grundgesetzes haben als Abwehrrechte ihren Ausgangspunkt im Schutz der Menschenwürde (Art. 1 GG), wobei Menschenwürde damit legal einklagbar ist, aber inhaltlich-materiell nicht nur juristisch, sondern auch philosophisch, theologisch und politisch gefüllt werden kann und muss. Hierbei bestätigt sich das bekannte Diktum des ehemaligen Verfassungsrichters Ernst-Wolfgang Böckenförde, dass der freiheitliche, säkularisierte Staat von Voraussetzungen lebt, die er selbst nicht garantieren kann. Der Staat sichert seinen Bürgern Freiheitsrechte und schützt ihre Würde, ohne die Gewähr dafür übernehmen zu können,

dass sie diese Rechte auch ausüben und zum Wohle aller wahr-
nehmen.

Die Möglichkeit der individuellen Einforderbarkeit einer men-
schenwürdigen Behandlung ist es, die den Begriff der Menschenwürde als Grundprämisse der Existenz von Menschenrechten für
eine Ethik im Allgemeinen und eine Wirtschaftsethik im Besonderen geeignet erscheinen lässt. Denn durch globale Märkte
und Investitionsmöglichkeiten wurde das Konzept staatlicher
Souveränität und Autonomie eher geschwächt, so dass es noch
stärker ethischer und rechtlicher Autorität über Staatsgrenzen
hinweg bedarf, um die Märkte zu kontrollieren. Auf Basis des
Gefangenendilemmas könnte man auch von einem Koopera-
tionsproblem sprechen. Denn würden alle Staaten die gleiche
Kontrolle (besser: Regulierung) von Märkten betreiben, so
wäre auch global die Regulierung dementsprechend stabil. Das
Problem ist aber, dass Länder versuchen, nationale Vorteile zu
generieren, wodurch ein «race to the bottom», ein Wettlauf
nach unten hinsichtlich Steuern, Sozialpolitik etc., stattfinden
kann.

Was Gemeinwohl oder soziale Gerechtigkeit konkret be-
deuten und wozu sie berechtigen, ist kaum universalisierbar,
während Menschenwürde unter Berufung auf die Menschen-
rechtscharta global und individuell durchaus einforderbar
ist. Mit Art. 1 GG wird die Wahrung der Menschenwürde Teil
und gleichzeitig Grundlage eines individuellen Abwehrrechts
gegen den Staat. Danach hat jeder Mensch als «Zweck an sich
selbst» und als selbstverantwortliche Persönlichkeit Anspruch
auf Sicherheit, rechtliche Gleichheit als Bedingung der Wahrung von Menschenwürde sowie auf Schutz von Identität und
Integrität. All dies sind Kriterien, die in Märkten wie in einer
Gesellschaft als ganzer überprüfbar und einklagbar sein sollten
und gleichzeitig einen anwendungsbezogenen Maßstab für eine
Wirtschaftsethik bieten können.

Der Schutz der Menschenwürde ist zu einem weltweiten,
unhintergehbaren Mindeststandard geworden, der nicht allein
Staaten bindet, sondern auch Unternehmen. Verletzungen dieses Standards – zum Beispiel in Gestalt menschenunwürdiger

oder sogar geradezu mörderischer Arbeitsbedingungen, etwa in der Textilindustrie von Bangladesch – durchschlagen alle Unternehmensverschachtelungen und überspringen noch die längsten Lieferketten. Ein Unternehmen, dem solche Verstöße auch nur eines untergeordneten Subunternehmers in Entwicklungsländern zugerechnet werden können, verliert massiv an Verbrauchervertrauen und wird aufgrund seiner wirtschaftlichen Macht von der öffentlichen Meinung direkt dafür verantwortlich gemacht, die Missstände zu beseitigen.

Werte

Wenn in öffentlichen Debatten darauf verwiesen wird, dass «unsere westlichen Werte» mit Füßen getreten werden, und gerade auch in der Unternehmensethik wiederholt von Werten die Rede ist, dann horcht ein Wirtschaftsethiker auf. Was hat es mit diesem Begriff auf sich und was bedeutet er für die wirtschaftsethische Analyse? Der Wertbegriff verdankt seinen Ursprung – was überrascht – nicht der Philosophie oder Theologie, sondern der Ökonomie. So ist es weder der Philosoph Aristoteles noch der Apostel Paulus, sondern der Ökonom Adam Smith, der ihn verwendet, um die Doppelbedeutung des Gebrauchs- und des Tauschwertes einer Sache zu verdeutlichen. Ein hoher Tauschwert liegt wegen des Ausgangsrohstoffes Gold etwa bei einem goldenen Käfig vor. Dessen Gebrauchswert allerdings dürfte im Verhältnis zum extravaganten Material niedrig ausfallen, da er nicht mehr leistet als jeder andere Käfig.

Smith weist darauf hin, dass der Wertbegriff in der Ökonomie fast immer einen Tauschwert in Geld meint. In politischen wie ethischen Diskussionen ist zuweilen missverständlich von «Grundwerten» die Rede. Wenn man etwa die Orientierung an Grundwerten fordert, dann werden Werte eben gerade nicht als individuell bestimmbar verstanden, sondern als Kanon von Werten einer Gruppe, einer Partei, einer Glaubensgemeinschaft, einer Gesellschaft, eines Landes oder gar der Welt. Das ist besonders irreführend, da der Wertbegriff bei seiner Übertragung aus der Ökonomie in die Theologie und Philosophie ab dem

19. Jahrhundert vor allem als individuelle Größe definiert wird. Anders verhält es sich bei den in diesem Zusammenhang auch häufig auftauchenden Normen. Sie sind kollektiv bindende Regeln, sei es in Form von Gesetzen, sei es als gesellschaftlich verbindliche Konventionen. Normen und Gesetze sind das Substrat eines gesellschaftlichen Prozesses, in dem sich bestimmte Wertorientierungen vieler Menschen gegenüber anderen Wertorientierungen durchsetzen. Während also Normen nicht ohne Werte zustande kommen, schlagen sich nicht alle Werte in Normen nieder, weil nicht alle kollektive Bindekraft erlangen. Normen haben also ein Kollektiv als Bezugspunkt, Werte dagegen sind individuell zu verorten und zu verantworten. Dies zeigt sich schon am Alltagsgebrauch, wo es oft heißt: Das ist mir wertvoll! Vereinfacht gesagt: Normen machen Präferenzen allgemein verbindlich, Werte sind individuelle Präferenzen.

Allerdings sind Werte damit auch schwer absolut bestimmbar, da es jeweils vom Kontext und der Perspektive des Betrachters abhängt, welchen Stellenwert der einzelne Wert in dem Moment hat. So beurteilt man den Wert eines Glases Wasser sehr unterschiedlich, je nachdem, ob man gerade in der Wüste auf dem Trockenen sitzt oder Hallenbadbesitzer ist. Ähnlich wie der Jurist Ulpian (ca. 170–223) im Anschluss an den römischen Rechtsgrundsatz «Jedem das Seine» (lat. *suum cuique tribuere*) das Individuum in das Zentrum seiner Gerechtigkeitskonzeption stellt, sind es Philosophen des 19. Jahrhunderts, die den Wert als individuelle Bewertung verstehen. Besonders heraus sticht in diesem Zusammenhang Friedrich Nietzsche (1844–1900) mit seiner Forderung zur «Umwertung aller Werte». Anders als Max Scheler (1874–1924), der auf der Suche nach ewig geltenden Werten war, ging Nietzsche offenbar grundsätzlich davon aus, dass Werte zweierlei sind: zum einen wandelbar und zum anderen kontingent. Darin steckt im Kern ein emanzipatorischer Ansatz, geht man davon aus, dass Werte, nur weil sie beschrieben oder eingefordert werden, nicht den Anspruch auf Allgemeingültigkeit und Verbindlichkeit im Sinne eines objektiven Tatbestandes erheben können. Mit Nietzsche ist somit kritisch zu hinterfragen, was als angeblich objektiv gegebener Wert stillschweigend gesetzt und lautstark eingemahnt wird. Notfalls lassen sich mit Nietzsche solcherlei Geltungsansprüche gezielt ablehnen. Andernfalls ist man in Gefahr, unter eine «Tyrannei der Werte» zu geraten (Hartmann 1962, S. 576).

Für eine Wirtschaftsethik hat der Wertediskurs den Nachteil, dass er meist entweder individualistisch geprägt ist (weil jeder Mensch seine eigene Skala dessen hat, was er besonders wertschätzt) oder nicht über das hinausführt, was sich ohne einen Rekurs auf Werte ermitteln lässt. «Die Werte des Grundgesetzes/der Sozialen Marktwirtschaft» werden nicht mehr und nicht weniger und schon gar nicht besser oder schlechter, wenn man sie so nennt. Darum lässt sich sagen: Die Bezeichnung eines Gutes als Wert ist eine Tatsache, kein Argument, denn fast alles lässt sich so bezeichnen, und alles Mögliche wird von irgendjemandem als besonders hochstehender Wert betrachtet. Gesucht werden aber gerade Verhaltensregeln und Abwägungsergebnisse in Form von Normen und Gesetzen, die für alle verbindlich gelten, gleichgültig, welche Werte man persönlich bevorzugt. Dass Werte vor allem individuell für unser Leben und Wirtschaften handlungsleitend sind und in Form von Normen zu kollektiv verbindlichen Regeln oder Gesetzen werden können, ist unbestritten. Was sie aber nicht vermögen, ist, gewissermaßen vom Sein zum Sollen zu führen. Mit anderen Worten: Nur weil es empirisch vorfindlich Werte gibt, also Menschen ihr Handeln individuell nach diesen ausrichten und begründen, lassen sich daraus keine «Grundwerte» ableiten, die andere Menschen in ihren Geltungsanspruch automatisch miteinschließen.

Vom Anstand und dem «ehrbaren Kaufmann»

Ein Wort, das in wirtschaftsethischen Diskussionen immer wieder auftaucht, ist «Anstand». Der Manager-Unternehmer Hans Lutz Merkle, den Helmut Schmidt einmal einen «hervorragend erfolgreichen und zugleich einen moralischen Manager der Firma Bosch» nannte, wird vom Altbundeskanzler am 4.12.2003 in der *Zeit* mit dem Satz zitiert: «Es gibt aber Dinge, die tut man einfach nicht!» Allerdings bleibt offen, was man nun besser tut und was nicht. Als positive Metapher für einen «anständig» handelnden Unternehmer wird nicht selten auf das Konzept des «ehrbaren Kaufmanns» verwiesen.

Bei der Qualifikation einer Handlung als anständig oder unanständig geht es im Unterschied zu Werten nicht um individuelle Präferenzen auf dem *forum internum*, sondern um den Versuch Dritter, das Verhalten ihrer Mitmenschen zu bewerten. Anstand ist also immer eine Zuschreibung von Dritten, so wie die Ehre des ehrbaren Kaufmanns vor allem gesellschaftlich verloren gehen kann. Darin liegt sowohl die Stärke als auch die Schwäche des Anstandsbegriffs: Seine Stärke zeigt er etwa wirtschaftsethisch in der Rede vom «ehrbaren Kaufmann», gerade weil er bewusst mehr fordert als nur die juristisch selbstverständliche Ehrlichkeit. Die historischen Wurzeln des «ehrbaren Kaufmanns» liegen im 11./12. Jahrhundert, als italienische Kaufleute zu Fuß von Stadt zu Stadt gingen und wirtschaftlich darauf angewiesen waren, dass die Bevölkerung sie nicht als Betrüger verdächtigte, sondern mit ihnen Geschäfte machte. Zu diesem Zweck begannen sie, sich in Gilden zusammenzuschließen, sich Verhaltensregeln aufzuerlegen und deren Einhaltung wechselseitig zu kontrollieren. Hielt man sich an die von der Gilde festgelegten Normen, durfte man sich als «ehrbaren Kaufmann» bezeichnen. Wurden hingegen grobe Verstöße festgestellt, kam ein Ausschluss aus der Gilde einem Entzug der «Ehre» gleich, also einer Degradierung der gesellschaftlichen Stellung. Wenn noch heute die traditionsreiche «Versammlung des ehrbaren Kaufmanns e.V.», deren Wurzeln bis in das Jahr 1517 zurückreichen, zu einem der namhaftesten Zusammenschlüsse Hamburger Kaufleute und Unternehmer zählt, zeigt das, welche Bedeutung und Kontinuität dieser Begriff aufweist.

Das Grundprinzip ist über die Jahrhunderte gleich geblieben: Auch wenn man nicht Mitglied einer Gilde oder eines Vereines ist – die Bezeichnung des «ehrbaren Kaufmanns» hängt von der Bewertung durch die Umwelt und damit von Dritten ab. Während Werte als Wertorientierung durch Erziehung und Erfahrung intrinsisch gebildet werden, wird Anstand und Ehrbarkeit vor allem extrinsisch beurteilt. Es handelt sich um eine Legitimitätskategorie, die von außen zugeordnet wird. Dies lässt sich für einen wirtschaftsethischen Diskurs umgekehrt auch als Stärke auslegen, da über die konsensuale Zuschreibung Dritter ein gewisser Rechtfertigungs- und Legitimationsdruck aufgebaut wird, dem ein Kaufmann, möchte er nicht riskieren, seine «Ehre» zu verlieren, entsprechend begegnen muss. Für den Anstandsbegriff gilt dies gleichermaßen. Zugleich liegt gerade in seiner äußerlich bewerteten und gewährten Utilität in Form von Vertrauen die Schwäche des Anstandsbegriffs, da seine ethisch materielle Füllung jeweils von der dominierenden und damit höchst wechselhaften und manipulierbaren Meinung Dritter abhängt. Auch wenn für manche, wie das Zitat von Hans Lutz Merkle andeutet, vor dem inneren Auge ziemlich klar zu sein scheint, «was man nicht tut», muss dieser innere Kompass für andere so nicht unbedingt nachvollziehbar sein. Offensichtlich wird der Anstandsbegriff höchst unterschiedlich verstanden. Zum einen hängt er von der Einschätzung anderer oder von der Mode unterworfenen Benimmregeln ab und höhlt sich dadurch selbst aus. Zum anderen ist ein intuitiver, moralisch aufgeladener Anstandsbegriff wenig begründungsfähig, ja kann sogar höchst inhuman sein. Und dass dies bei der Ehrbarkeit kaum anders ist, weiß jeder, der Heinrich Bölls *Die verlorene Ehre der Katharina Blum* gelesen hat. Denn wenn allein durch Anstandsbegriff, Ehrbegriff oder Rechtsgefühl von Arbeitskollegen, Politikern oder gar der Presse bestimmt würde, was man tue oder besser lasse, dann wird Recht allzu schnell nur noch utilitaristisch just zu dem, was dem Volke nützt.

Was folgt daraus wirtschaftsethisch? Zum einen, dass ein Gefühl für Anstand ähnlich unseren Wertorientierungen zwar integraler Teil menschlicher Existenz ist (das gefühlte «Das tut *man* einfach nicht»), dass aber mit Anstand allein buchstäblich kein Staat zu machen ist und keine Märkte hinreichend zu regulieren sind, denn dafür ist der Begriff zu unbestimmt (Was genau «tut man einfach nicht»?*)* und verharrt zu sehr in wandelbaren gesellschaftlichen Konventionen und Überzeugungen. Zum anderen gilt aber ebenso, dass auch mit den besten Normen und Gesetzen allein kein Markt und kein Staat zu machen ist, wenn

es keinen Konsens, kein Rechts- und Anstandsgefühl hinsichtlich der Befolgung der Gesetze gibt. Die Ehrlichkeit verlangt
bereits das Recht vom Kaufmann, aber Ehrbarkeit wird er vor
allem im Urteil seiner Kunden und damit extern messen lassen
müssen. In ebendiesem Zusammenhang können Begriffe wie
«Ethik» oder «Anstand» vor allem *hermeneus*, Übersetzer, dessen sein, wie man Marktteilnehmer motiviert, anständig zu
wirtschaften, um damit nicht nur vor den anderen, sondern
auch vor sich selbst zu bestehen.

4. Themen und Konzepte

In seinem bekannten Abendlied «Der Mond ist aufgegangen» bittet Matthias Claudius: «Und laß uns ruhig schlafen / Und unsern kranken Nachbar auch!» Sein Gedicht zeugt von Nächstenliebe im Näheverhältnis. Aber im selben 18. Jahrhundert schildert bereits Voltaire erstaunlich global orientiert in seinem *Candide*, wie unmenschlich die Sklavenarbeit in den Zuckerplantagen sein konnte, wo man einem Sklaven für seinen Fluchtversuch das Bein abschlug. Auch heutzutage schläft mancher schlecht, der an die globalen Auswirkungen unseres Lebensstils denkt. So werden die Bilder von der im Jahre 2013 zusammengestürzten Textilfabrik in Bangladesch mit Hunderten Toten manchen vielleicht nachdenklich machen, der sein T-Shirt weiterhin für sieben Euro kaufen möchte. Dabei ist nicht nur in diesem Fall die globale Makroebene oftmals untrennbar verbunden mit unternehmensethischen Fragen und konsumentenethischen Entscheidungen auf der Mikroebene. Die mit dem Aufkommen des Internets massiv beschleunigte Globalisierung der Weltwirtschaft verknüpft unsere Konsumentscheidungen wie mit unsichtbaren Fäden mit den Lebensbedingungen von Menschen und Gesellschaften auf anderen Kontinenten. Unser Interesse daran, wo unsere Sportschuhe herkommen, kann Kinderarbeit beenden. Welche Geldanlage wir bevorzugen, kann darüber entscheiden, ob eine indische Frau den Kleinkredit für eine Nähmaschine und damit eine Arbeit bekommt, mit der sie ihre Familie ernähren kann. Weltweit werden jährlich reale Güter und Dienstleistungen im Wert von «nur» 70 Billionen US-Dollar produziert, während 2010 allein auf den Devisenmärkten über 1000 Billionen US-Dollar bewegt und auf den Derivatemärkten über 700 Billionen US-Dollar umgesetzt wurden. Wirtschaftsethische Dilemmata erreichen allein durch eine derartige Höhe der Kapitalmenge eine globale Dimension, während wir gleichzeitig tagtäglich lokal entscheiden, das heißt immer auch: ethische Wertungen treffen müssen (gemäß Kants Grundfrage: «Was soll ich tun?»), ob wir Bio-Obst aus Neuseeland oder Turnschuhe aus China für uns persönlich rund um den Globus fliegen lassen sollen oder eben nicht. Im Folgenden sollen anhand von Fallbeispielen solche Dilemmata mit Hilfe der bisher geschilderten Begriffe, Konzepte und Schulen der Wirtschaftsethik exemplarisch bewertet werden. Denn was seit Aristoteles gedacht wurde, bildet den Begriffsfundus auch für die Analyse der unüberschaubar global verknüpften und damit zunehmend komplex wirkenden Fragen wirtschaftsethischer Natur, die uns heute umtreiben.

Fair Trade

«Der faire Handel ist ein Vorbild, wie eine bessere Welt aussehen kann: gute Produkte; Arbeit, von der man leben kann; Respekt im Umgang mit der Natur; Bildung; sozialer Zusammenhalt; echte Partnerschaft von Nord und Süd.» (Gerd Müller, Bundesminister für wirtschaftliche Zusammenarbeit und Entwicklung anlässlich der Verleihung der «Fair Trade Awards» 2014)

Die Hamburger SPD fordert, Fair-Trade-Kaffee steuerlich zu begünstigen und die bisher anfallende Steuer von 2,19 Euro pro Kilo auf Röstkaffee und 4,78 Euro auf löslichen Kaffee für fair gehandelten Kaffee zu erlassen. (Spiegel 19/2014, S. 73)

Eine Rentnerin und verwitwete Mutter von vier Kindern mit 960 Euro Rente pro Monat steht im Supermarkt vor einem Plastikregal, in dem 500 Gramm der Kaffeemarke Tschibuscho für 3,99 Euro im Angebot ohne Nachhaltigkeits- oder Fair-Trade-Siegel angeboten werden. Daneben steht seit kurzem auch kenianischer Fair-Trade-Kaffee für 6,99 Euro. Zur selben Zeit steht im gegenüberliegenden Eine-Welt-Laden ein im Verbraucherschutzministerium im höheren Dienst verbeamteter Oberregierungsrat, verheiratet, keine Kinder, vor einem aus recyceltem Holz gefertigten, ökologischen Sperrholzregal und entscheidet sich für eine 300-Gramm-Packung kolumbianischen Bio-Röstkaffees mit Fair-Trade-Siegel für 7,99 Euro, den er steuerlich für die Bewirtung in seinem Büro absetzen kann. Nach Rückkehr ins Büro formuliert er für den Minister einen Aufruf, dass es «aus ethisch-moralischen» Gründen unverantwortlich sei, einen anderen Kaffee zu kaufen als fair gehandelten, da im bisherigen Kaffeehandel mittellose Bauern in Südamerika ausgebeutet würden.

Wie ist das im Fall geschilderte Dilemma konsumentenethisch und aus Sicht der Erzeuger zu bewerten – abgesehen von der Tatsache, dass es «ethisch-moralische Gründe» schon sprachlich nicht geben kann, da Ethik als Reflexionskategorie mehr oder minder moralisches Handeln reflektiert? Wer derlei wirtschaftsethisch durchschauen möchte, scheint zunächst gut beraten, mit Ethik als Begleitwissenschaft zu verstehen, was Fair Trade bedeutet, und zunächst die Entstehungsgeschichte und das Geschäftsmodell dieses Phänomens genauer zu untersuchen, bevor dann eine Wirtschaftsethik eine Einordnung vornehmen kann.

Die Ursprünge von Fair Trade waren weniger wirtschaftsethisch als politisch motiviert. So wird am Beispiel des Nicaragua-Kaffees aus den 1980er Jahren deutlich, dass Fair Trade als Versuch begann, aus einer konkreten politischen Motivation heraus ein Land zu unterstützen, das nach einem Bürgerkrieg sozialistisch regiert wurde. Unter der Überschrift «Solidarität mit Nicaragua» wurde, von politischen Randgruppierungen und kirchlichen Organisationen unterstützt, Kaffee über damals sogenannte Dritte-Welt-Läden vertrieben, um so das sozialistische Land mit Devisen zu versorgen. Als mit zunehmender Globalisierung des Welthandels ab den 1990er Jahren die als unfair empfundenen Arbeitsbedingungen und Löhne der Arbei-

ter in Entwicklungsländern in das Bewusstsein traten, erlebte
Fair Trade immer stärkere Beachtung. Heute hat das Siegel
längst den Nimbus schlechter Qualität abgestreift und sich mit
konkurrenzfähigen Produkten am Markt mehr als behauptet.
Ob Kaffee, Schokolade, Bananen oder Blumen, die Liste der
Fair-Trade-Produkte, die sich mittlerweile in Supermarktregalen
etabliert haben, wächst. Im Jahr 2012 wurden in Deutschland
mit stark steigender Tendenz fair gehandelte Produkte im Wert
von 650 Millionen Euro umgesetzt, was einem Wachstum von
36 Prozent im Vergleich zum Vorjahr entspricht. Der Markt-
anteil des fair gehandelten Kaffees am deutschen Kaffeemarkt
beträgt aktuell zwar nur ca. 2 Prozent. Aber wenn eine große
amerikanische Kaffeehauskette ihre Kaffeebohnen für das Euro-
pageschäft ausschließlich in einem fairen Handel einkauft und
keinen herkömmlich gehandelten Kaffee mehr anbietet und
wenn Supermarktketten inzwischen für manche Produkte wie
Bananen oder Blumen zunehmend von ihren Lieferanten ein
Fair-Trade-Gütesiegel verlangen, dann zeigen diese Beobach-
tungen, welche nicht mehr nur symbolische Bedeutung dieser
Markt heute hat.

Zweierlei soll mit Fair Trade erreicht werden: erstens eine
Einkommenserhöhung der Kleinproduzenten. Dies lässt sich
exemplarisch am Kaffee zeigen: Kauft man als Konsument einen
Kaffee aus fairem Handel, sollen dadurch die Lebens- und Arbeitsbedingungen der Kleinbauern und ihrer Familien in Entwicklungsländern qualitativ verbessert werden, indem der Mehrpreis
gegenüber dem herkömmlichen Produkt den Kaffeebauern, die
meist als Kleinbauern um ihre wirtschaftliche Existenz kämp-
fen, direkt zugutekommt. Dabei muss berücksichtigt werden,
dass bei einem 500g-Paket Kaffee für 3,99 Euro nur ein kleiner
Betrag bei ihnen ankommt, während den Großteil des Preises
andere für sich realisieren. Marx folgend, kann man zeigen,
welcher Mehrwert bei den Händlern und Vermarktern ver-
bleibt, ohne dass der Kleinbauer oder Plantagenarbeiter selbst
davon profitiert. Beispielsweise kommen nur 18 Prozent des
Ladenpreises eines «herkömmlich» gehandelten Kaffees direkt
bei den Kaffeebauern an, die sich nicht organisieren, um einen

«faireren» Preis auszuhandeln. Der relativ niedrige Gewinn-
anteil wird vor allem damit erklärt, dass die Kleinbauern sich
den Abnehmern gegenüber in der strukturell schwächeren Verhandlungsposition befinden. Denn sie haben kaum eine andere
Wahl: Sie müssen ihre Ernte verkaufen, andernfalls verdirbt sie.

Zweitens soll Fair Trade die Einkommen der Kleinproduzenten verstetigen, damit nicht Ernteausfälle oder Spitzenernten die
Preisbildung verzerren. Glaubt man der sozioökonomischen
Analyse der Bezugswissenschaften, auf die sich eine Wirtschaftsethik als Begleitwissenschaft beziehen können muss, sind
Kleinbauern in hohem Maße vom Armutsrisiko betroffen. Das
hängt damit zusammen, dass die Erzeugerländer fast ausschließlich von der Kaffeeproduktion leben und somit sowohl auf der
Makroebene der Volkswirtschaften als auch auf der Mikroebene
der Erzeuger in hohem Maße ökonomisch vom Kaffeemarkt
mit seinen international schwankenden Weltmarktpreisen abhängig sind. So kam es beispielsweise 2001 zu einer regelrech-
ten Kaffee-Krise, als am Weltmarkt der Preis aus Gründen der
Überproduktion auf einen historischen Tiefstand von 45 US-
Cent pro Pfund sank – mit den entsprechenden Verarmungseffek-
ten in ganzen Regionen.

Genau hier setzt der faire Handel an: Kernbestandteil des
Geschäftsmodells ist, dass die Bauern auch bei noch so niedrig
fallenden Weltmarktpreisen einen Mindestpreis garantiert bekommen, zu dem ihnen die Ernte abgekauft wird und der die
Kosten der Erzeuger deckt. Dieser Mindestpreis bildet dann
gewissermaßen einen sozialen Schutzmechanismus, um – auf
der Mikroebene der Erzeuger – den persönlichen Ruin und
damit – auf der Makroebene der Volkswirtschaft eines Entwick-
lungslandes – die Verarmung großer Gruppen der Bevölkerung
zu verhindern. Die so garantierten Einkommen der Kleinbauern
können als Anreize für eine Entwicklungspolitik gesehen werden, haben sie doch Effekte in die Familien hinein, verringern
das Kinderarbeitsrisiko und machen die Schulbildung wahr-
scheinlicher – mit entsprechenden Langzeitfolgen.

Dem würden Betrachter wie Milton Friedman entgegenhalten,
es werde per Fair Trade der Marktmechanismus verzerrt. Das

sei unwirtschaftlich und führe insgesamt betrachtet nur zu Wohlstandseinbußen, zum Beispiel, weil die Mittel für einen permanent höheren Kaffeepreis nicht für andere Produkte eingesetzt werden könnten. Zudem könnten stetig höhere Einkommen der Erzeuger zu höheren Lebenshaltungskosten für sie führen, da etwa die Anbieter von Lebensmitteln das gestiegene Einkommensniveau der Kleinbauern einpreisen würden. Mit Rückgriff auf Adam Smith könnte man die Vorteile des freien Marktes herausstellen, nämlich die durch *self-interest* getriebenen Marktteilnehmer und die effiziente Arbeitsteilung. Folglich könnten die Kaffee produzierenden Entwicklungsländer in der Rolle als Erzeuger und die Industrieländer in der Rolle als Veredler und Vermarkter des Kaffees ihren Vorteil suchen. Gleichwohl würde man aber auch mit Adam Smith kritisch anfragen müssen, ob hier die Verschränkung der Idee des freien Marktes mit der Sicherung des Wohls der in einer Gesellschaft zusammengeschlossenen Menschen wirklich gelingt. Dass sich das ökonomisch «Vernünftige» und das ethisch «Gute» aufeinander beziehen müssen, war für den Gründervater der Wirtschaftsethik ein zentrales Anliegen. Es ließe sich auch einwenden, dass Modelle des Fair Trade die Sphäre des rein Ökonomischen verlassen und von einer Tausch- in eine Gaben- und Spendenwirtschaft führen, die von immateriellen, postmateriellen Motiven angetrieben wird und deren Weiterbetrieb von einem gehörigen Wohlstandsgefälle abhängt.

Aber kann in unserem Beispiel der herkömmlichen Kaffeeproduktion überhaupt von «Freiheit» die Rede sein angesichts der Arbeitsbedingungen der betroffenen Kleinbauern? Vertreter einer marxistischen, auf Herrschaft und Befreiung fokussierten politischen Ökonomie könnten dies beim System des Fair Trade bezweifeln und womöglich kritisieren, dass durch einen leicht höheren Kaffeepreis das Ausbeutungsmodell im Endergebnis stabilisiert würde – ein klassischer utilitaristischer Einwand. Diese Begrifflichkeit würde auch Karl Marx verwenden, der beispielsweise mit seiner Mehrwerttheorie aufzeigt, wie sich «Unfreiheit» und «Entfremdung» für die Arbeiterklasse durch soziale Reformen noch verstärken und den Kleinbauern als gefangenen Lohnsklaven nur dazu verhelfen, ihre Zelle lieben zu lernen. Entsprechend wäre Fair Trade letztlich eine Art Sedativum, das nur die ungerechten Machtverhältnisse dämpft und perpetuiert. Verfechter des Fair Trade könnten dem entgegenhalten, dass der Kaffeemarkt gerade keinen optimalen Marktmechanismus aufweise, weil die Erntemenge schwanke, die Nachfragemacht der Großhändler die Preise diktiere und die Veredelungsketten nun einmal erst in den Importstaaten aus dem Rohstoff ein Genussmittel machten. Es sei also falsch, den Kleinbauern zu bescheinigen, ihnen ergehe es marktwirtschaftlich recht gut. Der europäische Konsument solle weder denkfaul glauben, die Ökonomie des Kaffeehandels entspreche den Gesetzen der freien Marktwirtschaft, die für alle das bestmögliche Ergebnis bewirke, noch solle er sich mit dem Gedanken beruhigen, nur eine Revolution könne das Los der Kaffeeproduzenten verbessern, die ja wohl in deren Verantwortungsbereich falle.

Warum aber sollte ein Konsument sich über solcherlei Fragen Gedanken machen, wenn er Kaffee kauft? Dahinter steckt grundsätzlich die Frage, was wir einander schulden. Die Frage, warum der Erzeuger einer Ware im Kontext der Globalisierung den Konsumenten überhaupt etwas angeht, würde Milton Friedman völlig anders beurteilen als Immanuel Kant. Für Letzteren verknüpft sich die zentrale Frage allen ethischen Nachdenkens («Was soll ich tun?») auch immer mit dem Menschenbild, wie er es in der sogenannten Zweckformel des kategorischen Imperativs formuliert hat. Dieser soll in jedem Fall völlig unabhängig von den jeweils empirisch vorfindlichen Umständen gelten. Folgt man Kant, ist der Erzeuger als Leistungserbringer in einer freien Marktwirtschaft eben nicht *nur* ein Instrument, sondern immer auch zugleich Zweck in sich selbst. Darin besteht seine Menschenwürde und in der Anerkennung dessen reziprok auch die des Konsumenten. Mit anderen Worten lässt sich mit Kant fragen, ob man vernünftigerweise in einer globalisierten Wirtschaftswelt leben wollen kann, wenn in ihr Menschen in dieser Weise instrumentalisiert werden. Verneint man dies, dann lässt sich mit Rawls' Theorie der *justice as fairness* fragen, wie ein

Kaffeehandel fair organisiert werden könnte, wenn man nicht wüsste, ob man auf der Produzenten- oder auf der Verbraucherseite leben müsste. Wirft sich etwa ein europäischer Konsument den Rawls'schen «Schleier des Nichtwissens» über, dann muss der Kaffeepreis so gestaltet sein, dass auch der *least privileged* davon profitiert. In diesem Fall ist das der Erzeuger, der von dem zumutbaren Preis des Konsumenten eine entsprechende Marge haben muss, um davon in Würde und angemessen leben zu können.

Im Anschluss an diese Rawls'sche Argumentation könnte der europäische Kaffeekonsument zu folgender Schlussfolgerung kommen: Zwar wird die *langfristige* Arbeit an besseren *terms of trade*, an der Diversifizierung der Volkswirtschaften der Exporteure und an der genossenschaftlichen Organisation der Kleinbauern wichtig sein (und ein Ziel für die Entwicklungszusammenarbeit Deutschlands und der Europäischen Union), aber ebenso ist der kurzfristige «Kaffeepfennig» wichtig und wertvoll, um das Los der Schwächsten in der Kette schnell spürbar zu verbessern. Durch diesen «Kaffeepfennig» wird auf der Makroebene das Marktversagen ausgeglichen, könnte man den Anhängern des Ökonomen Friedman entgegnen. Marxistischen Ansätzen, die eine politische Lösung anstreben, könnte man im Anschluss an den Ökonomen Alfred Marshall Folgendes entgegenhalten: Das wirtschaftsethische Dilemma zwischen Konsument und Erzeuger lässt sich nicht etwa mit Appellen für altruistisches Handeln lösen, wie es der faire Handel der ersten Stunde versucht hat (und dazu beitrug, dass Menschen in «Solidarität» den zum Teil ungenießbaren Kaffee trotzdem tapfer getrunken haben). Es kann vielmehr an und von den Märkten selbst gelöst werden. Dies scheint zurzeit der Fall zu sein, wenn sich mehr und mehr Fair-Trade-Produkte auf dem Markt durchsetzen und Konsumenten überzeugen. Im Schumpeter'schen Sinne könnte man die Tatsache, dass der wachsende Markterfolg für Fair Trade spricht, als «schöpferische Zerstörung» verstehen, indem die herkömmlichen Geschäftsmodelle durch neue «faire» abgelöst werden. Und: Je auskömmlicher die Löhne und Gehälter in der Volkswirtschaft der Konsumenten sind, desto höher ist deren

Bereitschaft, Fair-Trade-Artikel zu kaufen – ein Argument mehr für die dortigen Tarifverhandlungen.

Konsumenten haben jedenfalls wirtschaftsethisch eine Nachfragemacht, die jedoch immer auch mit einer Verantwortung korreliert. Mit den Worten von Horst Köhler beim Deutschen Verbrauchertag 2007 könnte man sagen: «Wer verbraucht, gestaltet.» Und das in die eine oder andere Richtung. Somit bleibt der Konsument auch an der Ladenkasse nicht entbunden von der Kant'schen Frage: «Was soll ich tun?» In einer so verstandenen Konsumentenethik wäre deshalb auch inbegriffen, die Selbstbeschreibung und -bewertung der Händler und Produkte als «fair» immer wieder kritisch zu hinterfragen. Genau dies scheint durch Medienberichte regelmäßig versucht zu werden, wenn etwa die Arbeit einzelner Händler oder zertifizierender Organisationen kritisch analysiert wird (z. B. «Märchen vom Kaffee», in der *Zeit* vom 14.8.2014, S. 17 f.). Schließlich nutzt der Handel, der von dieser Form der Vermarktung immer stärker auch ökonomisch profitiert, den Begriff «fair» zunächst als ein Label und Marketinginstrument. Ob allerdings im Einzelfall das Produkt und der damit verbundene Handel wirklich fair sind, also etwa der Kaffee produzierende Kleinbauer menschenwürdig davon leben kann, das zu prüfen ist und bleibt Aufgabe von Kontrollen und einer fortlaufenden ethischen Reflexion. Wie notwendig diese Reflexion ist, zeigt das folgende Beispiel, das einen Extremfall des unfairen Handels darstellt.

Ausschluss von Kinderarbeit

Wenn wir Menschen zu Grabe tragen müssen, dann dient in den meisten Fällen ein Grabstein oder eine Grabplatte als Ort, an dem wir der Verstorbenen gedenken. Was uns dabei nicht bewusst sein muss, kann in vielen Fällen zutreffen: Der Stein, an dem wir liebendes Erinnern praktizieren, stammt vielleicht von einem zehnjährigen Kind, das den Rohling mit schwerster Handarbeit in einem indischen Steinbruch abgebaut hat. Mit Kinderhänden werden Granitblöcke aus Steinbrüchen geklopft und bei uns zu Grabsteinen verarbeitet. Zahlreiche Kinder wie

ihre Eltern arbeiten in Steinbrüchen zumeist in einer Art Schuld-
knechtschaft, erhalten also kaum Lohn. Vor diesem Hintergrund
gründeten Freiburger Steinmetze den Verein Xertifix mit dem
Ziel, ein Gütesiegel für Steine zu vergeben, die ohne Kinder-
arbeit produziert wurden.

Dass in Deutschland Grabsteine verwendet werden, die von
Kinderhand aus dem Fels geschlagen wurden, klingt zunächst
nach einem Horrormärchen. Es würde wohl niemand freiwillig
einen solchen Stein am Grab eines Angehörigen aufstellen lassen.
Nur müsste eigentlich längst uns allen klar sein, wie rabiat der
Preismechanismus wirkt und wie sehr die Reichweite der
Globalisierung unsere Vorstellungskraft übersteigt. Wenn beim
Discounter um die Ecke die Weintrauben aus Indien kommen,
warum sollte nicht beim Steinmetz um die Ecke die Grabplatte
auch von dort stammen? Ein erster wirtschaftsethischer Rat an
den Käufer lautet also: Mache dich kundig, woher jede Ware
stammt und wer sie unter welchen Bedingungen herstellt. Der
Schutz des Produzenten, eben der Kinder, vor Instrumentalisierung ist bei diesem Beispiel besonders geboten. Im Kant'schen
Sinne darf jeder Mensch niemals nur als Mittel, sondern soll
jeder zugleich als Zweck behandelt werden, will man seine
Würde nicht verletzen. Dieser Imperativ gilt kategorisch, also in
jedem Fall. Man könnte einwenden, dass bei Nichtwissen hier
keine individuelle Verantwortung festgemacht werden könne,
da doch wissentlich niemand einen Grabstein aus Kinder-
produktion kaufen würde. Aber mit den Gefahren der Globalisierung wächst auch das Rettende – im Internet fände sich so
manches darüber, welchen Produkten der verantwortungsbe-
wusste Käufer am besten aus dem Wege geht.

   Die von Hans Jonas entfaltete «Verantwortung» lässt sich
heutzutage viel leichter konkretisieren und zur zumutbaren
Besorgnis konzentrieren. Selbst wenn man bei einer Kaufent-
scheidung Kinderarbeit nur billigend in Kauf nimmt, verletzt
man nicht nur die aus der Bergpredigt stammende goldene Regel eines «Was du nicht willst, das man dir tu', das füg auch
keinem andern zu», sondern auch das, was Hans Jonas mit

«ethischer Verantwortung» bezeichnet, die gerade nicht auf Reziprozität angewiesen ist: die «Pflicht anerkannter Sorge um ein anderes Sein, die bei Bedrohung seiner Verletzlichkeit zu einer ‹Besorgnis› wird» (Jonas 1987, S. 391). Folgt man Kant, besteht eine Pflicht des Käufers, Kinderarbeit auszuschließen. Der Käufer muss sich fragen lassen, ob er diese Zustände von Kinderarbeit mit seinen jeweiligen Kaufentscheidungen duldet und billigend in Kauf nimmt. Denn er kann, nach Kant, vernünftigerweise nicht in einer Gesellschaft leben wollen, in der diese Verletzung der Menschenwürde in Kauf genommen wird. Daran muss sich letztlich jeder Käufer ethisch messen lassen.

Der Käufer wird einwenden: Mit dieser Aufklärungspflicht bin ich überlastet. Ich muss darauf vertrauen können, dass andere mir diese ständige Forschungsarbeit abnehmen – unser Staat oder die Europäische Union, wenn sie Importe zulassen, und mein Steinmetz, wenn er sein Rohmaterial einkauft. Dieser Einwand wirkt berechtigt: Vom ehrbaren Steinmetz dürfen wir erwarten, dass er der Herkunft seiner Steine nachgeht, und vom ehrbaren Importeur auch – ja sogar vom ehrbaren Friedhofsverwalter. Genau dies versucht der Verein Xertifix umzusetzen, dem mittlerweile schon viele Steinmetze beigetreten sind. Auch in anderen Branchen haben sich längst weltweite Kodizes herausgebildet, mit denen Firmen sich verpflichten, Kinderarbeit aus ihren Produktionsprozessen auszuschließen, wie es etwa in Prinzip 5 der in der Wirtschaftsethik viel kommentierten UN-Global-Compact-Initiative festgehalten ist. Dies lässt sich aber aufgrund der vielen Zulieferer in Entwicklungsländern mitunter schwer umsetzen und kontrollieren, weil der Verlauf der langen Kette von Subunternehmern und das Nachprüfen und Nachfragen nach den Produktionsbedingungen irgendwann abreißen. Das Problem der wirksamen Kontrolle versucht beispielsweise der Verein Xertifix durch unangekündigte Besuche in den Steinbrüchen in den Griff zu bekommen. Alle Siegel, Zertifikate und Fair-Trade-Labels basieren auf einer freiwilligen Selbstverpflichtung und sind nicht rechtlich bindend. Daher leben sie letztlich von ihrer Glaubwürdigkeit und müssen «Trittbrettfahrer» und «schwarze Schafe» wirksam verhindern, sonst verspielen sie das

Vertrauen ihrer Kunden, und das wäre für das Geschäftsmodell verheerend und für das ethische Anliegen von Fair Trade eine Katastrophe.

Der wache Verbraucher sollte sich aber durch Berichte wie den über die Kinder im Steinbruch noch zu mehr anregen lassen als zu dem Wunsch, nicht mit einem solchen Produkt in Kontakt zu kommen. Er sollte sich fragen, wie es überhaupt dazu kommt, dass ganze Familien keine andere Alternative haben als solche Arbeit. Was sind die tiefer liegenden Gründe der Kinderarbeit? Oft stellt sich heraus, dass Kinder von ihrer Familie in den Erwerbsprozess eingebunden werden, um ihnen Hunger, Verwahrlosung oder Prostitution zu ersparen. In unterentwickelten Ländern lauten die Alternativen oft nicht: Kinderarbeit – ja oder nein, sondern: schlimmere oder erträglichere Kinderarbeit, weil nämlich Familien ohne die Mitarbeit ihrer Kinder ihre Existenz nicht sichern können. Beim heutigen Stand der Produktivkräfte dürfte es Kinderarbeit weltweit längst nicht mehr geben. Das ist jedoch ein schwacher Trost für die Ärmsten, und der marxistische Ruf nach dem Umsturz der Produktionsverhältnisse verweist sie auf den Weg der Gewalt. Besser ist es, darauf zu achten, dass auch die marktwirtschaftliche Ordnung der Weltwirtschaft eine soziale Dimension und damit Mindeststandards braucht, die entwürdigende und nicht altersgerechte Arbeit schon heute ausschließen und die es immer lückenloser durchzusetzen und immer weiter anzuheben gilt, je mehr Wohlstand weltweit erarbeitet wird.

Ethische Zertifizierungen sind in den letzten Jahren in ihrer Bedeutung und Sichtbarkeit deutlich gestiegen, da sich im Verbraucherschutz die Ansicht Bahn bricht, dass jeder Bürger einen Anspruch darauf hat, dass die ihm verantwortliche Regierung sich dafür einsetzt, derlei Standards durchzusetzen und weiter zu verbessern. Und jeder Marktakteur, der als ehrbar gelten will, muss sich solchen Standards auch aus eigenem Antrieb verpflichtet fühlen und verpflichtet zeigen und nicht nur fragen, welche Geschäfte legal sind, sondern was er dazu beitragen kann, um die Wirtschaft über das rechtlich Gebotene hinaus fairer und humaner zu machen. Der Einsatz dafür kann höhere

Kosten verursachen, aber diese Kosten lassen sich werbend kommunizieren. Der Stein mit dem Gütesiegel mag ein wenig teurer sein, aber die informierten Kunden werden sich tendenziell für ihn entscheiden.

Mikrokredite

Muhammad Yunus vertrat als Professor für Wirtschaftswissenschaften in Bangladesch die Auffassung, man könne verarmten und mittellosen Menschen Geld leihen und bekäme es sogar mit Zinsen zurück. Diese Idee der Mikrokredite setzte er mit der Gründung der Grameen Bank 1983 in die Praxis um, mit dem Ziel, so die grassierende Armut in seinem Land zu bekämpfen. Die Kreditnehmer, die keine Sicherheiten aufweisen konnten, sollten mit einem Kleinstkredit Rohstoffe oder Maschinen kaufen und sich dann mit handwerklichen Tätigkeiten selbständig aus der Armutsspirale befreien können. Dieses unternehmerisch riskante Geschäftsmodell zahlte sich ökonomisch aus, denn die Zahlungsmoral der Kreditnehmer entpuppte sich als äußerst gut.

Warum handelt es sich hier nicht nur um einen erfolgreichen *business case*, sondern auch um einen wirtschaftsethisch äußerst interessanten Fall? Zunächst ist es nicht nur ökonomisch, sondern auch wirtschaftsethisch erstaunlich, dass hier jemand Kredite ohne die nötigen Sicherheiten verleiht. Neigt er zum Selbstopfer? Weiß er mehr als andere über den speziellen Kreditmarkt, auf dem er tätig wird? Oder löst er mit dem vorrangig ethischen Impuls, etwas zum Besseren zu verändern, bei seinen Kreditnehmern die dankbare innere Entschlossenheit aus, dem Ethos des guten Kreditnehmers zu entsprechen, der seine Schuld pünktlich zurückzahlt? Haben wir es mit der «Unsichtbaren Hand» zu tun, die sich nur diesmal einen Ethik-Handschuh angezogen hat? Oder straft der Erfolg der Grameen Bank das *Homo-oeconomicus*-Denken Lügen?

Eine mögliche Antwort findet sich in der historischen Entstehung: Die betriebswirtschaftliche Rationalität der Banken schließt einen signifikanten Teil der Bevölkerung von Krediten aus, weil er dafür keine Sicherheiten bieten kann und der Kreditbedarf so gering ist, dass der Zinsertrag kaum die Bearbeitungskosten deckt, geschweige denn Gewinne einspielt. Eine Lösung der Armutsproblematik über staatliche Transferleistungen als Sozialhilfen, die eine politische Rationalität nahelegt, kann mangels ausreichender Staatsfinanzen nicht realisiert werden. Aus Sicht des Marktes bleiben also die Armen kreditunwürdig und kreditlos – marktrational ist das aber allein aus Sicht der Geldverleiher, denn aus makroökonomischer Sicht liegt das Potenzial auch solcher armen Leute brach, würden sie sich doch nach einer Anschubhilfe für den Kauf von Rohstoffen und einfachen Maschinen mit enormem Fleiß aus ihrer Lage herausarbeiten und den Kredit mit moderaten Zinsen zurückzahlen, auch weil das für sie eine Frage der Ehre ist. Mit seinem Kreditmodell, das auf Vertrauen zu den Armen beruht, hat Yunus seinen Kreditnehmern geholfen, erstaunliche Erfolgsgeschichten zu schreiben. Dagegen ist aus der Sicht der oben referierten Wirtschaftsethiken ganz und gar nichts einzuwenden. Im Gegenteil: Die Mikrokredite haben ein Marktversagen ausgeglichen, denn wenn die große Mehrheit der Yunus-Kunden wirtschaftlich erfolgreich war, zeigt das, dass der Markt ihre Nachfrage nach Krediten vor Yunus offensichtlich nicht erfüllt hat. Yunus' Konzept könnte man als «Hilfe zur Selbsthilfe» zusammenfassen, wofür ihm 2006 auch zu Recht der Friedensnobelpreis verliehen wurde.

Dennoch werden Mikrokredite in jüngster Zeit zunehmend hinterfragt. Ein erster Kritikpunkt besteht darin, dass sie negativ auf den Marktmechanismus einwirken, wenn dadurch die Zahl der Kleinunternehmer desselben Gewerbes steigt, was zu Überangebot und Preisrutsch führt. Wenn die gleichen Geschäftsideen verwendet werden – etwa der Straßenverkauf von Lebensmitteln oder das Angebot handwerklicher Kleingewerbe –, führt das zu einem erhöhten Konkurrenzdruck und verringert die möglichen Gewinne aller Kleinunternehmer. Dadurch werden alle dann nicht besser, sondern schlechter gestellt und geraten mitunter durch die Schuldenlast noch stärker in die Armutsspirale. Dieser Einwand ist berechtigt, aber kein ethischer Einwand gegen Mikrokredite an sich. Was aber aus einer ethischen Perspektive beachtet werden muss, betrifft die Rolle der Kreditgeber: Diese nämlich dürfen kein Überangebot züchten, sondern müssen in die Verantwortung für die Wirtschaftsstruktur vor Ort hineinwachsen. Sie dürfen nicht durch übermäßige Kreditvergabe für immer dieselben Gewerbe Überkapazitäten hervorbringen, die nur in Preisverfall und dem Bankrott vieler Anbieter (euphemistisch «Marktbereinigung» genannt) enden können.

Damit einher geht ein zweiter Kritikpunkt: Das Mikrokreditmodell basiert *auch* darauf, dass es Gruppen von Kreditnehmern gibt, die sich wechselseitig in ihrer Tilgungsmoral unterstützen. Den hohen Rückzahlungsquoten von 99 Prozent stehen Berichte gegenüber, nach denen zahlungsunfähige Kreditnehmer von Angehörigen derselben Kreditgruppe stark unter Druck gesetzt wurden. Eine ethische Bewertung würde nicht allein bei dem Geschäftsmodell des Mikrokredits, sondern auch bei den Rechten und Pflichten und beim tatsächlichen Verhalten der Kreditnehmer innerhalb der Kreditgruppe ansetzen. Die wirtschaftsethische Betrachtung würde danach fragen, welchen Druck der Kreditvertrag auf die Gruppe der Nehmer insgesamt aufbaut und ob damit zu rechnen ist, dass dieser Druck zu unakzeptablen Gruppenrepressalien gegen einzelne säumige Schuldner führen kann – das wäre problematisch. Das Mikrokreditmodell selbst erzeugte dann unbeabsichtigte Folgen, wie sie allzu oft Auslöser wirtschaftsethischer Dilemmata sind. Deshalb muss auch bei den Kreditgebern die Aufsichts- und Fürsorgepflicht geprüft werden, die wiederum voraussetzt, dass eine beziehungsintensive Betreuung stattfindet, was wiederum betriebswirtschaftliche Kosten bei den Banken verursachen würde, die diese vielleicht scheuen.

Eine dritte Kritik zielt auf die Frage, ob nicht möglicherweise inzwischen unter der Flagge Mikrokredit längst allein auf ihren eigenen Gewinn bedachte Profiteure segeln. Einen Mikrokredit definiert nicht seine absolute oder relative Größe – eine für europäische Einkommensverhältnisse vergleichsweise kleine Summe, die in Bangladesch ein Viefaches ausmacht –, sondern vielmehr, dass er auf die Tatkraft des Armen vertraut und ihn nicht fesseln will, sondern befreien – und das hat Konsequenzen für die Höhe des Zinses. Wer aus Kleinkrediten ein Geschäft machen will, verlangt hohe Zinsen – und solche Geschäftemacher hat es immer gegeben. Yunus hingegen will die Armen nicht vertraglich knebeln, sondern befreien. Noch fragwürdiger wird es, wenn Geschäftsbanken unter der Flagge eines angeblichen Mikrokredits hohe Zinsen verlangen und damit gleichzeitig Fair Trade als Marketinginstrument instrumentalisieren.

Die wirtschaftsethische Betrachtung zeigt: Es gibt im Zusammenhang mit den Mikrokrediten Fehlentwicklungen und überzogene Erwartungen. Sie sind aber nicht dem Kreditmodell anzulasten, sondern seinem Missbrauch oder seiner Überfrachtung. Das spricht dafür, den hilfreichen Kern des Konzeptes zu schützen, zum Beispiel durch Standards und Zertifikate für Mikrokredit-Produkte, die mit der ursprünglichen Idee in Einklang stehen. Dann ginge eine wertvolle Idee den Weg der Normierung, und die Normen sorgten für Vertrauensschutz auf Seiten der Kreditnehmer, aber auch der Kreditgeber.

Nachhaltigkeit

Die Weltwirtschaft, in der wir alle uns *nolens, volens* bewegen, erzeugt fortwährend globale Rückkopplungseffekte und temporale *points of no return*, d. h. nach dem heutigen Stand der Technik kaum revidierbare Festlegungen. Mit enormen wirtschaftsethischen Konsequenzen. Globales Wirtschaften und eine damit verbundene Beschleunigung erschweren es, Zusammenhänge zu überblicken und die Folgen des eigenen Handelns abzuschätzen. Verantwortlichkeiten und Zurechenbarkeiten verschwimmen aber nicht nur im globalen Raum, sondern auch auf der Zeitachse. Bei manchen auf den ersten Blick unproblematisch wirkenden wirtschaftlichen Zusammenhängen führt zum wirtschaftsethischen Kern (und Problem) erst die Frage, wie denn der jeweilige Sachverhalt zu bewerten ist, wenn man ihn einige Jahrzehnte oder gar Jahrhunderte unverändert fortschreibt. Ob wir zum Beispiel drei Flüge in den Urlaub pro Jahr

als Menschenrecht betrachten oder als Zumutung für das Weltklima, kann ausschlaggebend dafür sein, unter welchen Um-
weltbedingungen die übernächste Generation zurechtkommen
muss. Im Folgenden geht es darum, ob das Kant'sche Gebot,
sich allgemeinverträglich zu verhalten, auch noch die Allgemein-
heit einberechnen sollte, die erst nach uns geboren werden wird.

*Zum 1. Januar 2003 wurde in Deutschland die unter dem
Dosenpfand bekannt gewordene Pfandpflicht für Einwegverpackungen von Getränken eingeführt. Erklärte Zielsetzung
dieses vom Bundesumweltminister entwickelten Gesetzes war
es, trotz heftiger Proteste der Getränkeindustrie, die Umweltverschmutzung durch Einwegflaschen und Dosen zu reduzieren
und den Anteil der Mehrwegflaschen, der seit Jahren sank, zu
erhöhen. Die Folge war eine aufwendige Umstellung auf ein
einheitliches Pfandsystem, das zu einigem Chaos führte. Die
Kritik an diesem System flaut ab, das sieht man allein schon
daran, dass Dosenfabrikanten, Getränkehersteller und Händler
eine Lobbygruppe gegen das Dosenpfand gründen wollen.*

Für die Einführung eines Dosenpfands in Deutschland wurden
viele Gründe genannt: Es würde die Verschwendung von Rohstoffen eindämmen und die Umwelt von schwer oder gar nicht
abbaubarem Müll entlasten, indem es die Verbraucher dazu
erzöge, nicht länger zu Einwegverpackungen zu greifen und
diese dann rücksichtslos wegzuwerfen, weil sie scheinbar wert-
los seien. Viele Bürger ließen sich davon überzeugen. Andere
fanden, der Aufwand für die Sammel- und Rückgabe-Infra-
struktur sei unverhältnismäßig, und der Einzelne werde entmün-
digt. Aber das Dosenpfand wurde Gesetz, und aus den individuellen Werten einzelner Bürger, nachhaltig mit natürlichen
Ressourcen und der Umwelt umzugehen, wurde eine für alle
geltende Norm in Form eines kollektiv bindenden Gesetzes.
Dass der Staat in die freie Wirtschaft eingreift, ist legal, aber ist
es auch legitim? Und wenn ja, wie lässt sich dies ethisch begründen? Um diesen Fragen im Rahmen eines wirtschaftsethischen
Nachdenkens angemessen nachzugehen, ist man gut beraten,

zunächst den zentralen Begriff dieser Debatte zu klären: Der
Begriff «Nachhaltigkeit» ist 300 Jahre alt. Er stammt ursprüng-
lich aus der Forstwirtschaft und wurde erstmals um das Jahr
1700 vom Oberberghauptmann Hans Carl von Carlowitz in
der sächsischen Silberstadt Freiberg geprägt. Die sich schnell
verschärfende Holzknappheit veranlasste Carlowitz, ein Nachhaltigkeitskonzept zur dauerhaften Bereitstellung ausreichender
Holzmengen für den Silberbergbau zu erarbeiten. Nachhaltigkeit bezeichnete dabei eine Art und Weise der Wirtschaft, bei
der natürliche Ressourcen auf Dauer gesichert bleiben. So
wurde im Freiberger Nachhaltigkeitskonzept immer nur so viel
Holz geschlagen, wie durch Wiederaufforstung nachwachsen
konnte.

Wie gelangte man aber von dem historischen Befund zu der
heutigen Relevanz des Begriffes in der wirtschaftsethischen
Debatte um soziale Nachhaltigkeit? Zum Kern politischer Pro-
grammatik wurde Nachhaltigkeit mit der Vorstellung des sogenannten Brundtland-Berichts (benannt nach der damaligen
Ministerpräsidentin Norwegens) während der UN-Vollversamm-
lung 1987, dem zufolge Nachhaltigkeit als Entwicklung definiert wird, welche die Bedürfnisse der gegenwärtigen Generation befriedigt, ohne diejenigen der kommenden Generation zu
gefährden. Bereits 1972 allerdings hatte der Club of Rome
gewarnt, die Grenzen des Wachstums seien erreicht, und die
Ölkrisen (1973/1979) schienen diese These mit schweren ökonomischen Folgen sowohl auf der Makroebene der Volkswirtschaften als auch auf der Mikroebene der Konsumenten zu bestätigen. In den 1980er Jahren verstärkte sich die öffentliche
Aufmerksamkeit und Sensibilität für ökologische Themen der
Nachhaltigkeit kontinuierlich, wozu insbesondere die Atom-
katastrophe von Tschernobyl (26. April 1986) und der Chemie-
unfall am Rhein in der Basler Schweizerhalle (1. November 1986)
beitrugen. So konnte eine 1980 gegründete politische Partei, die
Nachhaltigkeit zu ihrem Kernthema machte, das Dosenpfand
2003 trotz anfänglicher Proteste politisch durchsetzen.

Auch wenn diese Entscheidung politisch mehrheitsfähig ist,
lässt sich fragen: Warum darf der Staat in meine individuelle

Freiheit eingreifen? Warum belässt man es nicht bei einem freiwilligen Modell? Warum meint der Staat überhaupt, den Markt in solch einer Weise regulieren zu müssen? Mit Milton Friedman könnte man argumentieren, dass hier der Staat in die Wahlfreiheit des Verbrauchers eingreift, die es zu schützen gilt. Aus einer solchen Perspektive würde man die staatliche Intervention in den Getränkemarkt ablehnen, weil sie die Freiheit des Marktes und damit letztlich die Freiheit der Gesellschaft einschränkt. Dabei wird außer Acht gelassen, dass durch den Verbrauch natürlicher Ressourcen und durch Umweltverschmutzung Kosten für Dritte entstehen, die vor Aufkommen der Nachhaltigkeitsdebatte nicht berücksichtigt wurden. Wird zum Beispiel die relativ höhere Umweltbelastung durch Flugzeuge nicht in den Preis des von ihnen verbrauchten Kerosins hineingerechnet, dann sind Flugreisen in der Relation günstiger zu haben als die Bewegung per Bahn und Auto – zu Unrecht und zum ökologischen Nachteil schon der heute Lebenden. Nachhaltigkeit fragt konkret nach den Kosten und Belastungen, die der Ressourcenverbrauch und die Umweltverschmutzung zur Folge haben. Im Kontext des Dosenpfandes müsste man dementsprechend zunächst fragen, ob das Pfand- und Rücknahmesystem tatsächlich weniger Ressourcen verbraucht als die ungeordnete Entsorgung von Einwegflaschen oder Systeme, die auf Freiwilligkeit, den verantwortungsbewussten Verbraucher und auf Aufklärung setzen. Diese Tatsachenfeststellung ist schwierig, weil sich die Zukunft nicht beobachten lässt: Wird das Dosenpfandsystem zu einer Neuorientierung der Verbraucher führen, also einen Lern- und Erziehungsprozess auslösen? Werden sie allmählich völlig auf Dosen und Plastikflaschen verzichten und nur noch zur Mehrwegflasche greifen? Und falls ja – wie sieht eigentlich deren Ökobilanz aus?

Festzuhalten ist: Es gab eine Reihe von Argumenten pro und contra Pfand. Dessen Verfechter hoben hervor, der Status quo schade künftigen Generationen gleich doppelt: Für Einwegverpackungen würden kostbare Ressourcen verbraucht, die dann zu einem beträchtlichen Teil und Jahr für Jahr irgendwo in Feld, Wald und Flur landeten. Argumente dieser Art setzen voraus, dass die Lebenden eine ethische Verantwortung für die Zukunft und für künftige Generationen überhaupt haben. Kann das sein? Auch hier hilft eine Rückbesinnung auf Aristoteles und auf die Anfänge allen Wirtschaftens weiter: Im Zentrum der Überlegungen von Aristoteles standen der Familienverband und die Stadtgemeinde, die sich im Laufe der Zeit fortwährend erneuern und verjüngen und doch als bleibend wahrgenommen werden. In Familie und Stadt ist es selbstverständlich, auch an die zu denken, die nachkommen. Nun ließe sich in unseren Zeiten des demographischen Wandels dagegenhalten, dass viele Familien und Gemeinden schrumpften und es vielerorts gar keine Nachkommen mehr gebe – damit spätestens entfalle doch diese Verpflichtung. Darauf lässt sich erwidern, dass sich seit Aristoteles' Tagen unser Gesichtskreis erweitert hat. Sowenig wir noch Sklaverei für selbstverständlich halten, so wenig glauben wir, dass allein Blutsverwandte und Stammesgenossen Anspruch auf unsere Solidarität und unser Verantwortungsgefühl haben. Im Zeitalter der Menschenrechte und des allgemeinen Wissens um die grenzenlose Verletzlichkeit unserer Ökosphäre meint «nachfolgende Generationen» alle Kinder der Welt.

Nachhaltigkeit als ethisches Prinzip beschreibt damit letztlich etwas Ähnliches wie das, was Kant mit dem Terminus «Vernunft» bezeichnet, allerdings mit folgender Besonderheit: Nachhaltigkeit und damit auch Nachhaltigkeitsethik projiziert vernünftiges Handeln auf einen virtuellen Zeitstrahl. Sie spielt vor allem dann eine Rolle, wenn der Zeitfaktor die ethische Bewertung entscheidend zu ändern vermag. So lassen die immensen Umweltschäden und ökologischen Folgekosten, die im Rahmen der Globalisierung entstanden, diese ökonomisch, sozial und ökologisch relevanten zeitlichen Aspekte zu einem immensen Zeitdruck werden.

Aus einer utilitaristischen Perspektive ist das nicht so einfach nachzuvollziehen. Hier geht es zentral um die Folgenabschätzung von Handlungen, und es wird nach dem größten Glück für die größte Zahl gefragt. Da im Fall der Nachhaltigkeit aber die Zeitperspektive sehr gestreckt ist und wir mit guten historischen Gründen misstrauisch sein können gegen alle, die uns jetzt

Opfer abverlangen, damit künftige Generationen es «einmal besser haben», sind präzise und kalkulierbare Folgen fast unmöglich zu prognostizieren. Daher wird ein Utilitarist dem Dosenpfand gegenüber reserviert sein müssen und einwenden, dass die negativen Umweltfolgen in ihrer Quantität gar nicht abschätzbar sein. Dem ließe sich wiederum entgegnen: Verlangt wird ja nicht, um der leuchtenden Zukunft willen alle Lebensqualität aufzugeben. Verlangt wird nur der Verzicht auf eine kleine Bequemlichkeit – wenn Blechdosen ohne Pfand denn eine Bequemlichkeit sind. Der Utilitarist lächelt und antwortet: Ja, und so werden überall viele kleine Einschränkungen verlangt, und das Leben wird grauer und mühsamer, ohne dass wir wissen, ob das wirklich den größten Nutzen der größten Zahl bewirkt.

Ein Rawls-Schüler wiederum könnte einwerfen: Immerhin sind wir darüber einig, dass über Verteilungsgerechtigkeit nicht allein mit Blick auf Anwesende nachgedacht werden kann und sollte, sondern mit Blick auf die Berechtigung von Anwesenden und Abwesenden, mit anderen Worten: mit Blick auch auf die nachkommenden Generationen. Die Pflicht, auch darüber nachzudenken, akzeptiert im Grunde jeder, der den Schleier des Nichtwissens als Verfahren für den Entwurf fairer Bedingungen akzeptiert. Denn wenn ich nicht weiß, ob ich, wenn der Schleier des Nichtwissens weggezogen wird, 80 Jahre alt sein werde oder erst acht Jahre, acht Stunden oder acht Sekunden, dann macht es für meine Entscheidung über faire Lebenschancen für alle auch keinen Unterschied mehr, ob ich möglicherweise erst der sein werde, den der Acht-Sekunden-Mensch in 18 Jahren zeugen wird. Mit anderen Worten: Ich sollte für meine Kindeskinder mitdenken und für sie – nicht entscheiden, aber: Entscheidungen offenhalten.

Das bedeutet: Auf wie viel von dem, was wir gegenwärtig zur Verfügung haben, sind wir zugunsten zukünftiger Generationen in unserem aktuellen ökonomischen Handeln bereit zu verzichten, so dass unser Handeln als gerecht gelten kann? Folgt man Rawls in seiner Argumentation, dann müsste man danach streben, keine künftige Generation schlechter zu stellen als irgendeine andere. Eine solche Ethik hat einen tendenziell defensiven, konservativen Charakter; sie fragt nicht, ob sich der eigene Lebensstil mit einem 130-prozentigen Ressourcenverbrauch um 180 Prozent verbessern lässt, sondern ob sich mit dem jetzigen Ressourcenverbrauch auch für eine auf 180 Prozent gewachsene Weltbevölkerung sorgen lässt, selbst wenn das im persönlichen Lebensstil eines durchschnittlichen Bewohners der westlichen Hemisphäre zu materiellen Einschränkungen führte.

Gesichtspunkte der Nachhaltigkeit beeinflussen nicht allein den persönlichen Lebensstil und die Konsumentenethik, sie wirken auch nachdrücklich auf Fragen der Unternehmensethik ein. Wenn ökologische Probleme wirtschaftlichen Handelns seit Jahren immer stärker problematisiert werden, steigen damit auch die Anforderung und Erwartung an Unternehmen, nachhaltiger zu agieren. Folglich ist es nicht verwunderlich, dass immer mehr Unternehmen ihre Verantwortung nicht auf Gewinnstreben beschränken, sondern auch darin sehen, ökologische und soziale Werte zu schaffen. Diese Position wurde als Triple-Bottom-Line-Dreieck von John Elkington bekannt, in welchem die ökonomische *bottom line,* also der Gewinn, mit einer ökologischen und sozialen *bottom line* in Ausgleich gebracht werden sollen.

Mit diesem Modell ist allerdings noch nicht definiert, wie im Einzelfall dieser Ausgleich zustande kommen soll, wenn die drei Ziele in Konflikt miteinander geraten. Denn zunächst verursachen Investitionen in Nachhaltigkeit – mikroökonomisch betrachtet – schlicht Kosten. In der Volkswirtschaftslehre sind kurzfristige Kosten nach den meisten Definitionen einfach die variablen Kosten, während langfristige Kosten die Fixkosten sind, die kurzfristig nicht verändert werden können. Im Fall Dosenpfand (aber auch Umweltschutz allgemein) fallen sowohl Fixkosten (z. B. Aufbau des Pfandsystems) als auch variable Kosten an. Viele Ökonomen stellen aber nicht nur die möglichen negativen Effekte durch zusätzliche Kosten für Umweltschutz oder Nachhaltigkeit in den Vordergrund, da Firmen auch durch effizientere Ressourcennutzung Kosten einsparen können. So können beispielsweise durch gesetzliche Auflagen zum Umweltschutz nicht nur Arbeitsplätze vernichtet, sondern auch geschaffen werden. Aber wer trägt diese Kosten, wenn etwa ein

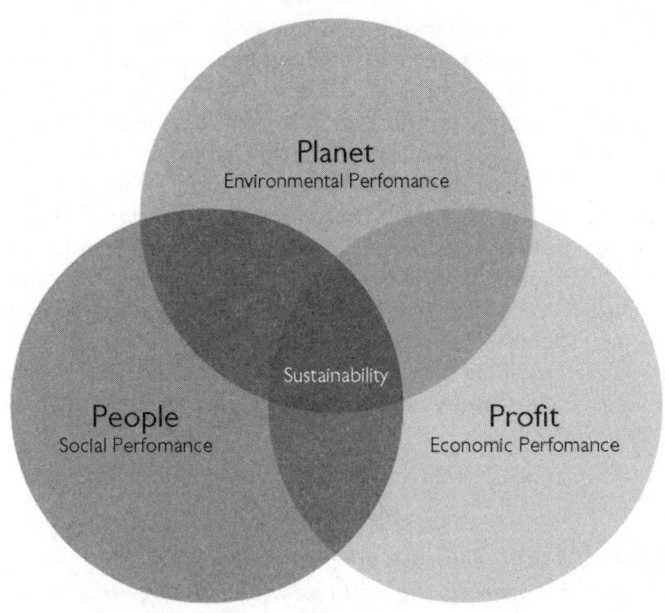

Triple-Bottom-Line-Dreieck nach John Elkington
(Quelle: www.chess-llc.com/portals/0/TripleBottomLine_web1.jpg)

Dosenpfand eingeführt wird? Der Getränkehersteller oder doch letztlich der Konsument über die Preise? Aber auch makroökonomisch betrachtet, ist Nachhaltigkeit zunächst mit höheren Kosten verbunden. Wenn etwa die G20-Länder von Schwellenländern wie Brasilien oder Südafrika höhere Umweltstandards erwarten, dann argumentieren diese wiederum: Wenn die Industrieländer die Umweltverschmutzung verursacht haben, warum sollen dann die Schwellenländer dafür über die Investitionen in Umweltschutz bezahlen und damit riskieren, ihr wirtschaftliches Wachstum, mit dem sie aufschließen könnten, auszubremsen? Wer trägt also die zwangsläufig für Nachhaltigkeit anfallenden Kurzfristkosten, und was ist in diesem Zusammenhang ökonomisch noch zumutbar?

Folgt man dem Wirtschaftsethiker Peter Ulrich, geht es bei wirtschaftsethisch kontroversen Fragestellungen, wie sie beim Thema Nachhaltigkeit auftreten, um einen Zumutbarkeitsdiskurs. Zudem sei rechtlich zu bedenken, dass man dabei nur fordern könne, was ökonomisch auch leistbar ist, im Sinne des Rechtsgrundsatzes *ultra posse nemo obligatur* (Über das Können hinaus wird niemand verpflichtet). In all diesen Debatten gelten die bisher skizzierten Argumente auch für die handelnden und verantwortlichen Führungskräfte und Unternehmer. Damit ist deutlich, dass bei *sustainbility reports* und Marketingaktionen das Thema Nachhaltigkeit nicht als Feigenblatt im Sinne eines *green washing* verwendet werden darf, sondern die damit einhergehende Verantwortung im Unternehmensalltag auch gelebt werden muss.

Mindestlohn

«Fünf Millionen Menschen arbeiten zu Dumpinglöhnen – ohne Mindestlohn würden sie nicht erreichen, einigermaßen anständig bezahlt zu werden. [...] Und wir geben der Arbeit wieder ihren Wert zurück.» (Andrea Nahles, Bundesministerin für Arbeit und Soziales im Juni 2014)

Eine Firma mit Sitz im europäischen Land X eröffnet eine Filiale in Deutschland. Während im Stammsitz der Firma in X die Mitarbeiter nach Tarifvertrag bezahlt werden, verdienen die deutschen Mitarbeiter währungsbereinigt kaum die Hälfte, haben keinen Tarifvertrag, und die Arbeit des Betriebsrates wird massiv behindert. Gleichzeitig wurde von der deutschen Kommune, in der das Werk angesiedelt wurde, neue Infrastruktur zur Ansiedlung aus Steuergeldern geschaffen, während die Firma ihre Gewinne außerhalb Deutschlands zu einem deutlich niedrigeren Steuersatz versteuert. Das Einkommen des Vorstandsvorsitzenden am Stammsitz beträgt 450-mal so viel wie das eines einfachen Angestellten derselben Firma in Deutschland.

Mit der Globalisierung werden die Konsequenzen wirtschaftlichen Handelns so weltumspannend wie langanhaltend, dass sich kurz- und langfristige Auswirkungen überschneiden bzw. gar nicht mehr erkennbar voneinander trennen lassen. Die Pleite einer Investmentbank kann das internationale Finanzsystem gefährden, und ihre Rettung kann eine Nation jahrzehntelang zur Schuldknechtschaft und Austeritätspolitik verdammen. Man kann aber auch sehr kurzfristig mit ihr Wahlen verlieren. Nicht nur das Kapital, auch die Arbeit als zweites zentrales Produktionsmittel, ist der Globalisierung und der damit verbundenen Dynamisierung und Digitalisierung unterworfen. Arbeitsplätze lassen sich viel leichter verlagern, Arbeitskräfte wechseln viel schneller ihren Arbeitsplatz und agieren dabei nicht selten selbst global. Der sich aus der größeren Konkurrenz zwischen Nationen, Branchen und einzelnen Arbeitnehmern ergebende höhere Lohndruck hat zur Folge, dass viele Arbeitnehmer aus dem Verkauf ihrer Arbeitskraft keine sichere oder gar bessere Option für die Zukunft ziehen können. Sie müssen sich mit wenig oder weniger zufriedengeben. Sie können weder jetzt angemessen von ihrer Arbeit leben noch angemessen für ihre Zukunft vorsorgen. Der Mindestlohn soll dieses Problem wenn nicht beseitigen, so doch entschärfen.

Die Frage danach, was ein gerechter Lohn sei, ist darum ein so kontrovers diskutierter wie exemplarischer Testfall des Gerechtigkeitsbegriffes, weil er die wirtschaftsethischen Dilemmata, die mit der materiellen (Sehn-)Sucht nach Gerechtigkeit verbunden sind, wie in einem Brennglas bündelt: Am Monatsanfang will ein Lohn in einer bestimmten Höhe überwiesen sein, und zwar nach Kriterien, die aus wirtschaftsethischer Sicht möglichst transparent, aber in keinem Fall wahllos sein dürfen und weder den Arbeitnehmer noch den Arbeitgeber in den Ruin treiben sollen. Ein weiteres Dilemma der Lohnfindung gerade im Bereich der Lohnuntergrenzen besteht darin, dass sich Arbeitgeber und Arbeitnehmer nicht nur mit unterschiedlichen ökonomischen Interessen gegenüberstehen, sondern aus höchst unterschiedlichen Machtpositionen heraus verhandeln, weil bisher meist Arbeitsplätze knapper sind als Arbeitskräfte. Aus diesem Grund haben sich in Deutschland im 19. Jahrhundert

Gewerkschaften organisiert, um kollektiv und damit erfolgreicher als zuvor Arbeitnehmerinteressen zu vertreten.

Wenn Menschen einen «gerechten Lohn» fordern, um «gutes Geld» zu verdienen, meinen sie in aller Regel mit «gerecht» möglichst hoch, was vielfach seine legitime Grenze an den Umsätzen und Profiten des Unternehmens findet, zuweilen aber gerade auch bei den Verhandlungen um Vorstandsgehälter komplett von solchen Größen abgekoppelt scheint oder zumindest zuweilen so wirkt: im wörtlichen Sinne «maßlos» nach oben und «bodenlos» nach unten. Gibt es etwa bei der Entscheidung über Vorstandsbezüge (öffentliche) Verhandlungen? Wie aber dann feststellen, wann ein Lohn ein «gerechter» Lohn ist? Martin Luther gibt in seiner Schrift *Von Kauffshandlung und Wucher* (1524) einen ersten Anhaltspunkt: Ein Lohn ist gerecht, wenn eine erbrachte Leistung einer vereinbarten Gegenleistung entspricht. Dies entspräche dem Prinzip der Leistungsgerechtigkeit und dem der Vertragsgerechtigkeit, sofern die Leistung im Rahmen eines Arbeitsvertrags erbracht wurde. Aber sind diese beiden Arten von Gerechtigkeit im beschriebenen Fallbeispiel des Mindestlohnes angemessene Prinzipien, insofern sie zu gerechten Referenzgrößen bei der Lohnfindung führen? Wie wäre etwa mit dem Problem von Arbeitsverträgen umzugehen, in denen der Starke dem Schwachen die Bedingungen mehr oder minder diktiert, wie es im Ausgangsfall durch den fehlenden Tarifvertrag möglich wurde?

Mit Rawls wäre zunächst klar, dass positiv materiell nicht feststellbar ist, ab wann genau ein bestimmter Lohn (un)gerecht ist. Wenn ein Vorstand maximal das Zehnfache, Hundertfache oder Dreihundertfache des Lohnes eines einfachen Angestellten desselben Unternehmens verdient? Wenn der Mindestlohn 7,50 Euro oder 8,50 Euro oder 13,50 Euro beträgt? Demnach kann die Antwort, welcher Mindestlohn oder welche Lohnobergrenze im geschilderten Ausgangsfall gerecht wäre, zwar nicht in einer absoluten Zahl ausgedrückt werden. Dennoch kann eine an transparenten Kriterien orientierte Relation entwickelt werden. So scheint es in jedem Fall prozedural unfair, dass die deutschen Arbeitnehmer ohne Tarifvertrag und aktiven

Betriebsrat unverhältnismäßig in ihrer Verhandlungsposition geschwächt sind. Konkret bedeutet dies, dass sie kaum Mitsprache hinsichtlich der Frage besitzen, welche Lohnhöhe materiell gerecht ist. Umgekehrt wäre bezüglich der Lohnobergrenze bei den Vorstandsgehältern auf Grundlage des Prinzips der Leistungsgerechtigkeit zum Beispiel zu klären, ob die gezahlten Gehälter mit nachhaltig, also langfristig zu erwirtschaftenden Profiten des Unternehmens korrelieren. In jedem Fall würde Rawls bei der Lohnfindung ein prozessual faires Verfahren in dem Sinne anmahnen, dass die Interessen der ökonomisch am schlechtesten gestellten Mitarbeiter auch transnational bestmöglich gewahrt blieben. Hingegen scheint die Aussage der Arbeitsministerin: «Ein Lohn in Höhe X ist gerecht», ein utilitaristisches Argument, welches das eigentlich offene Endergebnis einer Tarifverhandlung oder eines Gesetzgebungsprozesses zu einem absoluten Kriterium von Gerechtigkeit erhebt und vorwegnimmt.

Das alles zeigt, dass Arbeit einen Wert hat, der den für sie gezahlten Lohn bei Weitem übersteigen kann. Diese Erkenntnis hat bereits Karl Marx mit dem Begriff «Realabstraktion» pointiert. Das Prinzip der Leistungsgerechtigkeit stößt aus seiner Sicht im Kapitalismus dort an seine Grenze, wo der Wert der Arbeit im Wege der Realabstraktion über den Tauschwert einer Ware gesellschaftlich festgelegt und von ihrem Nutzen im Gebrauch getrennt wird. Dahinter steht Marx' Annahme, dass Arbeit einen doppelten Charakter und einen doppelten Wert hat: einen konkret-nützlichen und einen abstrakten Wert. Will heißen: Kaufe ich mir einen goldenen Brieföffner, ist dieser im Sinne seines konkreten Gebrauchswertes nützlich, um Briefe zu öffnen. Wenn ich ihn aber gesellschaftlich handle und tausche, ist sein abstrakter Wert durch sein Rohmaterial Gold abstrakt relational zu seinem Tauschwert viel höher. Die Arbeit hat damit den doppelten Charakter, einen Warenwert und einen Gebrauchswert hervorzubringen. Mit dem Begriff «Realabstraktion» beschreibt Marx nun, dass die Nützlichkeit der Arbeit von ihrem abstrakten Tauschwert getrennt wird, so dass der Investor des Goldes für den goldenen Brieföffner sich durch seine

Rolle als Kapitalgeber überproportional an dem vom Arbeiter produzierten Wert bereichert und den aus dem Tauschwert gezogenen Profit nicht an diesen weitergibt. Dem wäre freilich entgegenzusetzen, dass der Arbeitgeber über die Stellung des Rohstoffes materiell ohnehin das Wertvollste beiträgt. Näher am Alltag: Der Fabrikant stellt die Fabrik, die Rohstoffe und die Arbeitsplätze und trägt das volle unternehmerische Risiko – warum sollte er nicht auch den Löwenanteil des Unternehmensgewinns beanspruchen dürfen?

Genau hier liegt der Beginn der ökonomischen und in der Folge arbeitsmarktpolitischen Asymmetrie zwischen Kapitalist und Arbeiter. Aus diesem Grunde wird in der aktuellen Debatte Thomas Pikettys Gleichheitsbegriff ein zu Marx komplementäres Argumentationsmuster attestiert. Denn auch Piketty warnt angesichts der Asymmetrie von Kapitalakkumulation, Arbeitskraft und Tauschwert davor, dass sich in kapitalistischen Gesellschaften durch die beschriebene Realabstraktion von Arbeit und Entlohnung die Produktionsmittel immer stärker in den Händen einiger weniger konzentrieren. Umgekehrt könnten die Arbeiter von ihrer Hände Arbeit immer weniger leben, da sich die Schere zwischen Kapitalverzinsung und Lohnzuwachs immer weiter öffne. Im Unterschied zu Marx fordert der französische Ökonom jedoch nicht die Abschaffung des Kapitalismus, sondern dessen Umbau, etwa durch höhere Steuern auf Kapitalerträge, Erbschaften und Vermögen insgesamt. Für Marx wie für Piketty steht fest, dass an der Lohnhöhe etwas nicht stimmen kann, wenn die Arbeiter etwa für ihre bescheidenen Behausungen lebenslang hohe Mieten zahlen, während die Unternehmervillen immer größer werden. Dem halten andere entgegen, dass der Unternehmer schließlich auch das Risiko trage, die Betriebsabläufe steuere und für den Absatz der Produkte sorge – alles unternehmerische Tätigkeiten, für die er einen höheren Lohn als die abhängig Beschäftigten verdiene, der dann eben über die Jahre immer höheren Zins trage. Zudem befeuere ja das Unternehmertum den technischen Fortschritt, von dem – Elektrizität, Mobilität, Gesundheitsfürsorge – die Arbeitnehmer fast im gleichen Maße wie ihr Chef profitierten, und darin liege ein weiterer, wirtschaftsethisch hochwillkommener Teil des von ihnen empfangenen Lohnes.

Diesen Folgen würden Verfechter des Mindestlohns und Anhänger von Marx und Piketty nicht widersprechen, sie würden aber die Voraussetzungen der Verteilung angreifen und argumentieren: Die menschliche Arbeit ist kein Gut wie Rohstahl oder Schnürsenkel, sondern sie hat eine ethische Dimension. Sie ist mehr als ein Produktionsfaktor, für den sich Kosten und Ertrag verrechnen lassen wie für eine neue Maschine. Sie ist vielmehr ein menschlicher Beitrag zum guten, ertragreichen Miteinander, und wer seine Arbeitskraft dazu beisteuert, der hat als Mensch einen über die betriebswirtschaftlichen Daten hinausgehenden Anspruch darauf, dass er als Mitglied der Betriebsgemeinschaft von seiner Zugehörigkeit und seinem Beitrag auch anständig leben kann, statt aus dem Abseits mitanzusehen, wie nur die Vorstandsetage in immer größerem Luxus schwelgt. In dieser Argumentation schwingen durchaus Fürsorge- und Corporate-Identity-Gesichtspunkte mit, wie sie zum Beispiel für die Beamtenversorgung maßgeblich sind – wer dem Staate dient, heißt es dort, soll um des Ansehens des Staates willen auch angemessen versorgt sein. Dagegen lässt sich wiederum das Gesetz der großen Zahl einwenden: Wenn man allen Mitarbeitern des XY-Werkes am Lebenszuschnitt ansehen können soll, für welches Unternehmen sie arbeiten, dann schlägt das viel stärker auf die Betriebskosten durch, als wenn die Vorstände im Dienstwagen chauffiert werden.

Vernachlässigt wird bei all dem ein weiterer wirtschaftsethisch diskutierbarer Punkt: Wer nicht allein einzelne Arbeitnehmer und Betriebe als Referenzgröße berücksichtigt, der fragt auch nach der Lohnsumme, das heißt nach dem Betrag, den alle Arbeitnehmer eines Landes insgesamt verdienen. Es ist durchaus möglich, dass ein niedrigeres volkswirtschaftliches Lohnniveau zu mehr Arbeitsplätzen, einer insgesamt höheren Lohnsumme, einer größeren Inlandsnachfrage und einer robusteren Konjunktur führt. Was, so lautet dieses Argument, ist mehr wert: Einige Vorzeigebetriebe mit hohen Haustarifen oder ein durchgehender Mindestlohn oder ein Potpourri von der Wettbewerbsfähigkeit angepassten unterschiedlichen Lohnhöhen, die aber praktisch alle in Arbeit bringen, auch wenn einige aus öffentlichen Kassen zusätzliche Hilfen erhalten müssen?

Solche Argumente stecken das Feld ab, auf dem über das Pro und Contra eines Mindestlohns gestritten werden kann. Es gibt daneben aber auch Fälle, die wirtschaftsethisch «klar im Aus» sind, wie das Beispiel der Fallstudie zeigt: All jene Extremfälle, bei denen es eigentlich gar nicht mehr um die Suche nach dem gerechten Lohn geht, einfach weil sie durch das in ihnen enthaltene Missverhältnis offensichtlich ungerecht sind. Wir alle kennen die entsprechenden Schlagzeilen: Ausländische Arbeitnehmer, die für vier Euro die Stunde auf Baustellen schuften, weil die sie Anwerbenden mit Dumpingpreisen Aufträge ergattern und sich dann möglichst viel vom Gewinn in die eigene Tasche stecken, werden schlicht betrogen und ausgebeutet. Ein Banker wie Richard Fuld von Lehman Brothers, der unter zumindest billigender Inkaufnahme eines Kollapses des gesamten Bankensektors seine Bank in die Insolvenz führt, um dann von ihr «vertragsgemäß» einen Bonus von zig Millionen Euro einzufordern, hatte von vornherein einen Vertrag, wie ihn nur Spielernaturen schließen, die ohnehin nicht an irgendeine in Gerechtigkeitskategorien zu fassende Beziehung zwischen Leistung und Gegenleistung glauben. Entscheidend werden solche Extrembeispiele, die den Ton der öffentlichen Diskussion um Wirtschaftsethik setzen, wenn man den Charakter von Arbeitskraft ethisch näher betrachtet: Ist menschliche Arbeit mehr als ein Gut, das ich wie jedes andere anbieten und tauschen kann? Oder fällt Arbeit in ihrem Charakter eher unter das Prinzip der Verteilungsgerechtigkeit, d. h., hat man es in einer Lohnverhandlung mit einem bestimmten Wert an zu verausgabenden Lohnkosten zu tun, den man nur angemessen unter die zu Entlohnenden gemäß ihrer Leistung, ihrer Betriebszugehörigkeit, ihrer Erfahrung oder ihrer familiären Situation und ihres Lebensalters wie bei der aktuellen Besoldung von Beamten zu verteilen hat?

Mit Blick auf die Debatte um den Mindestlohn wie auch in der wirtschaftsethischen Literatur scheint die Meinung vorzuherrschen, dass Lohnfindung vor allem im Bereich der auszuhandelnden Lohnuntergrenzen ein Problem der Verteilungsgerechtigkeit sei. Das Problem einer solchen Sichtweise besteht darin, dass man produktive Arbeit und ihre Entlohnung eher als etwas Statisches wahrnimmt, als einen fixen Pool an Geld, das es gerecht zu verteilen gilt. Hingegen scheint die Entwicklung bei den außertariflichen Spitzengehältern diametral anders zu verlaufen, wenn sich die Gehälter dort an Umsätzen und Profiten messen und zunehmend in Aktien als Unternehmensanteilen ausgezahlt werden, die Frage gerechter Löhne also in Anlehnung an das Prinzip der Leistungs- und Tauschgerechtigkeit und damit eher unternehmerisch beantwortet wird. Dies wiederum führt zu medial aufbereiteten Diskussionen etwa um das Jahresgehalt eines VW-Vorstandschefs in Höhe von über 14 Millionen Euro, welches darum so hoch ausfiel, weil die Umsatzzahlen, an die dieses Gehalt gekoppelt wurde, besser ausfielen als erwartet – und zwar so hoch, dass der Vorstandschef nach seinem Vertrag eigentlich noch deutlich mehr Lohn hätte bekommen müssen, was der Konzernleitung im Ergebnis wiederum öffentlich nicht vermittelbar schien.

An derlei Beispielen wird deutlich, dass die Frage nach dem gerechten Lohn in der Praxis nach höchst unterschiedlichen Gerechtigkeitsprinzipien bemessen wird. Offenbar hat eine Lohnverhandlung eine Komponente sowohl des leistungsgerechten Tauschs als auch der angemessenen Verteilung. Wichtig ist, dass auch der Tausch nach transparenten und fairen Regeln abläuft. Arbeitgeber wie Arbeitnehmer dürfen sich keine für die zu erbringende Tätigkeit relevanten Tatsachen vorenthalten und müssen um den Tausch- und Gebrauchswert der von ihnen produzierten Güter wissen können. Und noch ein weiterer wirtschaftsethisch zentraler Punkt wird dann relevant, wenn wie im Ausgangsstatement der Bundesministerin für Arbeit behauptet oder stillschweigend angenommen wird, mit einem bestimmten Betrag X sei dem Kriterium «gerechter/anständiger Lohn für gute Arbeit» Genüge getan. Zum einen ist bei der Verhandlung der Untergrenze eines Lohnes zu beachten, dass dieser nicht nur dem Wert der Arbeit entsprechen, sondern in seiner Höhe auch ein menschenwürdiges Leben ermöglichen muss. Das heißt, selbst wenn ein Stundenlohn von Leiharbeitern auf einer Baustelle in Höhe von 4 Euro legal wäre, wäre er nicht legitim, da sich damit zumindest in der Bundesrepublik nicht angemessen leben lässt.

Gerade vor dem Hintergrund solcher menschenunwürdigen Löhne führen Fälle wie der des Investmentbankers, dem vertraglich Millionen zustehen, obwohl sein Unternehmen in den Konkurs geht und Hunderttausende Kunden Geld verlieren, zu scharfen wirtschaftsethischen Kontroversen. Die einen fordern, dann solle von Gesetzes oder Vertrags wegen den Banker statt seines Bonus ein an den Dimensionen der Pleite ausgerichteter Malus treffen, zumal, wenn er in fetten Jahren dicke Prämien eingestrichen habe. Schließlich hafteten die Bankiers früherer Zeiten auch mit ihrem Privatvermögen. Kant hätte vermutlich weder gegen Bonusregelungen noch gegen eine Spiegelbildlichkeit von Bonus und Malus viel einzuwenden, vorausgesetzt, sie wären für alle gleichermaßen verbindlich. Rawls würde fragen, ob wir unter dem Schleier des Nichtwissens einer Regelung zustimmen würden, die uns materiell himmelhoch tragen, aber auch in den Ruin treiben könnte. Der römische Jurist Ulpian wiederum würde wohl sagen – und die Neoliberalen würden zustimmen –, es sei die Angelegenheit wachsamer und kluger Unternehmen, keine Verträge zu schließen, die am Ende sogar Pleitiers noch mit einem goldenen Handschlag beglücken.

Wie etwa regelt man Wertschätzung für die eigene Arbeit außerhalb der Lohnfindung? Das sind Fragen, die sich jedem Unternehmer stellen oder stellen sollten, die aber nicht sinnvollerweise Gegenstand von Tarifverträgen sein werden. Wird aber mit Marx das Verhältnis des Arbeiters zu seiner Arbeit real allzu abstrakt, kommt es zu einer Entfremdung, die letztlich auch wieder ihren ökonomischen Preis hat, wenn demotivierte oder gemobbte Arbeitnehmer unter ihrem eigentlichen Leistungsvermögen bleiben, krank werden oder kündigen. All diese Faktoren fließen ein, wenn man beurteilen will, wie gerecht es im Arbeitsmarkt zugeht. Legitime Ansprüche lassen sich dabei eben nicht immer legal durchsetzen, auch wenn man es versucht: mit Antidiskriminierungsrichtlinien oder dem im Jahre

2002 nach amerikanischem Vorbild in den DAX-Unternehmen eingeführten Deutschen Corporate-Governance-Kodex, in dem Unternehmen im Rahmen einer freiwilligen Selbstverpflichtung u. a. die Gehälter ihrer Spitzenmanager offenlegen und transparent regeln. Wirtschaftsethisch relevanter scheint aber die Einhaltung dahinterliegender Prinzipien: von der Freiwilligkeit der Selbstverpflichtung über das *Do ut des* bei der Umsetzung der Leistungsgerechtigkeit bis zur kollektiven Lohnfindung.

Wenn etwa aktuell die Frage diskutiert wird, inwieweit der Staat in die Gehaltsstruktur der Spitzenmanager eingreifen darf, dann darf dabei nicht das Prinzip aus den Augen verloren werden, dass der Eigentümer eines Unternehmens auch die Gehälter seiner leitenden Angestellten bestimmt. Und dies sind im Falle der DAX-Unternehmen die Aktionäre, und zwar nicht nur die Mehrheitsaktionäre. Hier wird die praktische Aufgabe die sein, wie man prozessual faire Regeln und Vereinbarungen findet, alle Stake- und Shareholder zu ihrem Recht kommen zu lassen. Wie dies praktisch aussieht, wurde unlängst in der Schweiz kreativ und kontrovers in der «Minder-Initiative» für mehr Transparenz in Aktienunternehmen diskutiert. In der eidgenössischen Volksinitiative «gegen die Abzockerei» 2013 setzte der Unternehmer Thomas Minder u. a. durch, dass Aktionäre selbst die Vorstandsgehälter als Eigentümer direkt bestimmen. Im selben Jahr scheiterten die Schweizer Jungsozialisten mit einem «1:12-Volksbegehren», dass niemand in einem Unternehmen in der Schweiz mehr als zwölfmal so viel verdienen darf wie der am schlechtesten besoldete Mitarbeiter in diesem Unternehmen.

Es dürfte klar geworden sein, dass sich «die» gerechte Lohnhöhe nicht abstrakt festsetzen lässt. Aber möglichst viele Argumente sollten in die Lohnfindung eingehen, möglichst gleich sollte die Verhandlungsstärke der Tarifpartner sein, und wenn wie im Ausgangsfall dieselbe Arbeit je nach Standort erheblich unterschiedlich entlohnt wird, dann ist öffentliche Aufmerksamkeit angebracht. In dem eingangs genannten Fall des europäischen Unternehmens mit den vergleichsweise schlechten Lohnbedingungen in Deutschland hat das Interesse der Medien und der Öffentlichkeit jedenfalls dazu geführt, dass Arbeitgeber und Arbeitnehmer einen neuen, fairer wirkenden Abschluss verhandelt haben.

Globales Kapital und Steueroasen

«*Recently, more and more enterprises organized abroad by American firms have arranged their corporate structures [...] so as to exploit the multiplicity of foreign tax systems and international agreements in order to reduce sharply or eliminate completely their tax liabilities, both home and abroad.*» *(John F. Kennedy in einer Botschaft an den US-Kongress am 20. April 1961)*

Eine in den Vereinigten Staaten gegründete Bäckereikette mit registriertem Firmensitz auf den Kaimaninseln möchte nach Westeuropa expandieren, ohne die dort vergleichsweise hohe Steuerlast tragen zu müssen. Die Mittel für diese Expansion stellt ein malaysischer Investor zur Verfügung, wobei er um eine Abwicklung des Geschäfts über eine indonesische Bank bittet, die nach den Grundsätzen des sogenannten islamic finance zertifiziert ist. Das Investment erwirtschaftet in London und Berlin bereits nach kurzer Zeit enorme Umsätze und Gewinne. Diese rechnet die Firma mit legal inflationierten Verlusten von Dependancen gegen, die die Firma für Backwaren als Briefkastenfirmen in Irland gegründet hat, um in Irland, dem selbst erklärten Niedrigsteuerland in Europa, steuerpflichtig zu werden. Im Ergebnis fallen in Deutschland und England fast keine Steuern für die erwirtschafteten Gewinne an, die dann ihrerseits bei deutlich niedrigeren Steuern in Irland versteuert und über die Kaimaninseln verbucht und profitabel angelegt (und nicht neu investiert) werden, obwohl dort wie in Dublin keine einzige Backfiliale angesiedelt wird.

Bei der Analyse des Sachverhalts lässt sich beobachten, dass dieser Fall offensichtlich auf der Grenze zwischen Legalität und Legitimität liegt. Die bewusst global organisierte Steuervermeidung ist von der illegalen Steuerhinterziehung klar abzugrenzen. Da diese Grenze aber in globalen Märkten an physischen Grenzen von Ländern gerade nicht haltmacht, sondern deren Durchlässigkeit bewusst für sich zu nutzen weiß, ist sie aus wirtschaftsethischer Sicht noch einmal genauer auszuleuchten. Ist das, was die Bäckereifirma dort macht, legitim im Sinne von «richtig», «in Ordnung»?

Zunächst stellt sich die Frage: Was ermöglicht diesen ganzen Steuer- und Finanzierungsaufwand rund um den Globus, und warum lohnt er sich? Einer von vielen Ermöglichern sind die im Beispiel erwähnten Kaimaninseln. Diese sind ein so geschichtsträchtiges wie für die Finanzindustrie höchst interessantes Fleckchen Erde, bilden sie doch nicht weniger als das fünftgrößte Offshore-Finanzzentrum der Welt. Warum das so ist, zeigt ein Blick in den Financial-Secrecy-Index des internationalen Netzwerks für Steuergerechtigkeit *(Tax Justice Network)*: Darin schaffen es die Kaimaninseln unter den sechzig bekanntesten Steueroasen hinter dem US-Bundesstaat Delaware, Luxemburg und der Schweiz auf einen stolzen vierten Platz, gefolgt von der City of London. Als Heimat Tausender «Trusts» bieten die Inseln eine Möglichkeit, Geldflüsse zu verschleiern und steuerpflichtige Gelder zu hinterziehen. Als autonomes britisches Überseegebiet mit 55 000 Einwohnern und einem Pro-Kopf-Einkommen von stolzen 43 000 US-Dollar 2011 genießen die Inseln eine innen- und finanzpolitische maximale Unabhängigkeit, während sie außenpolitisch von London aus gesteuert werden. 43 Prozent der Bevölkerung sind Ausländer. Es gibt fast keine direkten Steuern. Insgesamt sind vierzig der weltweit größten Banken und 40 Prozent aller Hedgefonds mit Filialen auf den Inseln vertreten.

Dies machen sich global agierende Akteure wie die hier beschriebene Bäckerei zunutze, die von den USA aus weltweit expandiert. Als typischer *global player* strebt sie nach ökonomischer Optimierung, durch die Beweglichkeit von Kapital, die Steuerfreiheit und das Bankgeheimnis der außereuropäischen Kaimaninseln, was im geschilderten Sinne legal, d. h. zumindest nicht strafbar ist. Gleiches gilt für die Steueroptimierung im Rahmen der Europäischen Union, die dadurch möglich wird, dass jedes Mitgliedsland souverän im Rahmen seiner Steuerhoheit die entsprechenden Sätze gestalten kann. Die Kernkompetenz der Finanzinstitutionen der Kaimaninseln und anderer Offshore-Steuerparadiese liegt vor allem darin, die Lücken und Informationsdefizite der nationalen Regulierung gezielt auszunutzen. So sind weltweit geschätzte 11,5 Billionen US-Dollar an Privatvermögen offshore ausgelagert. Würden diese national mit einem durchschnittlichen Steuersatz von 30 Prozent versteuert, hätten die entsprechenden Länder 250 Milliarden Steuern mehr eingenommen, die ihnen und ihrer Infrastruktur derzeit vorenthalten werden. Weltweit erfolgreiche Firmen wie Google und Apple zahlen aktuell nur geschätzte 2 Prozent Steuern für ihre außerhalb der USA erwirtschafteten Gewinne, weil ihre Steuerberater einen «Doppelten Iren mit einem holländischen Sandwich» bestellen: Über zwei irische Tochtergesellschaften und eine Firma in Holland verschiebt nicht nur die anonymisierte amerikanische Bäckereikette, sondern verschieben Weltkonzerne Geld in die Karibik, d. h., Gewinne werden in Niedrigsteuerländern bilanziert, während Verluste dort in die Bilanz eingehen, wo die Steuersätze hoch sind. Für den individuellen Steuerzahler mag diese Art von Freiheit höchst vorteilhaft sein, aber kann eine Demokratie eine solche Freiheitsform dulden, wenn sie gleichzeitig enorme Steuerausfälle hinzunehmen hat?

Aus wirtschaftsethischer Sicht scheint das Hauptproblem darin zu liegen, dass global agierende Unternehmen auf die beschriebene Art und Weise Profite einfahren, die kausal auf lokaler Infrastruktur basieren, welche sie aber steuerlich nicht mitfinanzieren. Auf die Frage, ob diese Steuervermeidungspraxis legitim sei, würden Milton Friedman und seine Schüler argumentieren, dass die Firma zum Schutz ihrer Anteilseigner und Mitarbeiter sogar verpflichtet sei, jede Möglichkeit der Reduktion ihrer Steuern und Abgaben zu nutzen, die sich legal bietet. Dadurch könnten dann die nicht steuerlich gebundenen Profite zur allgemeinen Wertschöpfung im Wirtschaftskreislauf eingesetzt werden. Da aber diese Steuern in der Infrastruktur Englands oder Deutschlands fehlen, während die Gewinne mit englischen oder deutschen Arbeitern erwirtschaftet wurden, würde Marx umgekehrt argumentieren: Hier wäre eine Ausbeutung der Schwächsten zu beobachten, die zu unterbinden sei. Wird aber nicht, so könnte ein Unternehmenssprecher der Bäckereikette entgegnen, der Sachverhalt grundsätzlich verändert durch die Tatsache, dass das Unternehmen seine Finanzierung nach ethischen Grundsätzen wie *islamic finance* organisiert? Dies ist eine zunehmende Herausforderung in der Finanzierung, zumal 2013 Assets im Wert von über 1,8 Billionen US-Dollar mit einer Steigerungsrate von 150 Prozent in fünf Jahren weltweit nach den Grundsätzen von *islamic finance* gemanagt wurden (zu *islamic finance* siehe S. 113 f.).

Wie ist der geschilderte Fall wirtschaftsethisch zu bewerten? Möglich wird das, was die Bäckerei hier für sich nutzt, erst durch etwas generell Positives: die Vertiefung internationaler Handelsbeziehungen. Versucht man diese Tatsache mit Hilfe eines der oben entfalteten Begriffe wie Anstand, Wert, Verantwortung oder Vertrauen zu kritisieren, wird man diesem positiven Grundzug der Globalisierung nicht gerecht. Die Eigentümer der Bäckerei können zu Recht darauf verweisen, dass sie die rechtlichen Gestaltungsspielräume nutzen, die von den Staaten durch die in ihnen für alle geltenden Normen und Gesetze vorsätzlich oder fahrlässig eröffnet werden. Sie verhalten sich dabei nicht illegal, sondern nutzen eine regulatorische Arbitrage, die durch den zwischenstaatlichen Wettbewerb um möglichst niedrige Steuersätze geschaffen wird. Ähnlich dem eingangs geschilderten Schiedsrichterball-Dilemma lässt sich jedoch auch leicht das emotionale Unbehagen vieler Betrachter des Falles rationalisieren, und zwar mit dem in der Rechtswissenschaft oftmals angewandten Kausalitätsbegriff, wonach kausal eine Handlung ist, die nicht hinweggedacht werden kann, ohne dass der tatbestandliche Erfolg in seiner konkreten Form entfiele: Im Fall der Bäckereifiliale in London oder Berlin ist es nun so, dass die Leistung und der Gewinn vor Ort nicht erwirtschaftet werden könnten, wenn die Nutzung der lokalen Infrastruktur hinweggedacht würde. Erfolg wäre kausal nicht möglich ohne etwa den national erworbenen Bildungsgrad der Mitarbeiter – also Faktoren, für die nationale Steuern im Straßenbau oder Bildungswesen verwandt wurden. Dies legitimiert den Nationalstaat dazu, auf diese Produkte Steuern zu erheben. Genau dem entzieht sich ein globaler Konzern mit Auslagerung seiner Dependancen und Bilanzen, und zwar darum, weil er es kann. Ist das aber fair? Eher nicht, wenn irgendwelche Eilande nur aus (mehr und mehr elektronischen) Briefkästen bestehen, also nicht für das Wohl einer realen Bevölkerung sorgen und dafür Einnahmen generieren müssen. Die Firma könnte sich außer mit dem Legalitätsargument auch damit verteidigen, dass sie (a) Löhne zahlt, (b) Services bietet und (c) ihre Arbeitnehmer am Ort Steuern zahlen, dass also der Staat, dem die Unternehmenssteuern entgehen, trotz allem noch besser dasteht, als wenn das Unternehmen gar nicht tätig wäre. Diesem Argument könnten Anhänger von Friedman zustimmen. Politiker des steuerbenachteiligten Landes könnten dagegenhalten: Wenn nicht die Bäckereikette das Geschäft machte, würden dann nicht womöglich andere Wettbewerber die Lücke füllen, Wettbewerber vielleicht, die bei der jetzigen Lage Kostennachteile haben und darum im Wettbewerb zurückliegen, nur weil sie am eigentlichen Ort ihres Wirkens höhere Steuern zahlen?

Wie lässt sich nun dieser Fall ideengeschichtlich verstehen und ethisch bewerten? Wendet man Kants bereits zitierten kategorischen Imperativ an («Handle nur nach derjenigen Maxime, durch die du zugleich wollen kannst, dass sie ein allgemeines Gesetz werde»), dann kann ein vernünftiger Staatsbürger kaum wollen, dass Leistungen, die in einem Land unter Benutzung der dortigen Infrastruktur erbracht werden, in einem anderen Land besteuert werden, und zwar betont niedrig, weil dieses Land nicht von seiner Produktivität oder seiner guten Infrastruktur lebt, sondern von seinen schnäppchenhaften Steuersätzen und Verrechnungsmöglichkeiten. Dass dies legal möglich ist, liegt im Zeichen wachsender Globalisierung daran, dass Länder eben auch mit günstigen Steuersystemen als Standortvorteil konkurrieren. Dies geht aber oftmals auf Kosten der *least privileged* im Rawls'schen Sinne: zum einen in Irland, wo zwar mehr Geschäft kreiert wird, jedoch zu Lasten der dortigen Infrastruktur und – wie in der irischen Bankenkrise jüngst erlebt – auf Kosten der makroökonomischen Stabilität des Landes, dessen Finanzkrise dann am Ende vor allem die am wenigsten Begüterten trifft. Auf den Kaimaninseln ist dies in einem so kleinen wie geschlossenen System nur darum nicht der Fall, weil es dort mehr Firmen als Einwohner gibt, was allerdings kaum kopierbar erscheint. Ein Staat, der nur auf Banken fußt, funktionierte nur noch auf den Kanalinseln, in Panama oder in Delaware. Der Fall zeigt darum erneut, dass legal und legitim eben nicht immer deckungsgleich sind, dass Kapital zunehmend global mobil ist und dass Gerechtigkeit letztlich erst normativ einforderbar durch den Legalitätsbegriff ist.

Islamic Finance

Die Grundsätze des Koran sehen vor, dass Anleger Profite über Handel, nicht aber über Zinsen erwirtschaften dürfen, so dass statt Zinsen Beteiligungen wie Aktien und Anteilsscheine ausgegeben werden dürfen. Die Anleger erhalten also statt Zinsen eine Prämie, die allerdings nicht in Aktien hoch verschuldeter Unternehmen ausgezahlt werden darf, da nach Auslegung der Scharia mit Schulden genauso wenig Geschäfte gemacht werden dürfen wie mit Zinsen. Theologischer Kern dieser Regeln ist gemäß Sure 2, Vers 275 somit kurz gefasst ein ganz ähnlicher wie der des kanonischen Zinsverbots auf Grundlage von Aristoteles' These von der Unfruchtbarkeit des Geldes: Denn wer Zinsen nimmt, der bekommt Geld für Zeit, die jedoch allein in Gottes Besitz ist. Und der eine Sache Verkaufende verdient durch Zinsnehmen zweimal: einmal an der Übertragung des Wertes der Sache, andererseits an ihrer Finanzierung.

Islamische Banken versuchen darum, dieses Zinsverbot wie folgt zu gestalten: Anstelle von Zinsen werden dort *commodity murabaha* eingesetzt, bei denen zwischen Bank und Kunden Güter oder Immobilien den Besitzer wechseln, wodurch die Bank erlaubte Profite statt Zinsen erwirtschaftet. Vor allem im Ölgeschäft werden zunehmend *sukuks* eingesetzt, wie islamische Anleihen genannt werden, die Profite über ein scharia-konformes Coupon-System abschöpfbar machen. Eine islamische Sonderwirtschaftsethik ist dabei etwas grundlegend anderes als etwa das in Europa und den Vereinigten Staaten zunehmend auch von religiösen Gruppen praktizierte *ethical investing*, bei dem mit erheblichen Wachstumsraten in «ethisch einwandfreie» Firmen, Umweltfonds und dergleichen investiert wird. Denn anders als *islamic finance* akzeptiert *ethical investing* dieselben internationalen Normen und gesetzlichen Auflagen wie das allgemeine Bankwesen und nutzt die zur Verfügung stehenden Finanzinstrumente, um ethisch unbedenkliche Fonds und Papiere zu identifizieren und darin nach den üblichen Regeln zu investieren, d. h., es werden wie üblich Zinsen gezahlt, Hebelungen und übliche Bilanzierungsregeln angewandt. Beim *islamic finance* akzeptiert man aufgrund des Zinsverbotes hingegen eine Grundregel des Finanzwesens nicht, dass für das Ausleihen von Geld Geldzahlungen in Form von Zinsen geleistet werden müssen, vielmehr ersetzt man diese durch Anteile an *assets*. Wirtschaftsethisch ist diese Finanzierungsoption kein Problem, solange dadurch niemand übervorteilt wird und Verwerfungen hinsichtlich der marktüblichen Bedingungen entstehen. Marx würde dafür womöglich besondere Sympathien aufbringen, da so Anrechte an Sachwerten Kredite finanzieren und nicht Zinsen diejenigen, die bereits überschüssiges und damit verleihbares Kapital besitzen, noch reicher machen. *Islamic finance*, wie es die Bäckereikette in unserem Beispiel betreibt, ist wirtschaftsethisch unproblematisch, verändert aber nicht grundsätzlich den Sachverhalt der bewusst praktizierten Steuervermeidung.

5. Perspektiven und Visionen

Keine letzten Gewissheiten

Die Wirtschaftsethik fragt wie die Ethik allgemein danach, was das Leben des Menschen sinnvoll und lebenswert macht, was es zu einem «guten» Leben und damit zu einem solchen werden lässt, das dem Menschen sein Menschsein ermöglicht. Zu diesem Leben gehören heute die Marktwirtschaft und all jene Wertungen und Entscheidungen, die man in ihr jeden Tag lokal wie global zu treffen hat. Wirtschaftsethik fragt nach der Legitimität des Ganzen ebenso wie nach den Pflichten des Einzelnen, und sie fragt danach, wie nachhaltiges und verantwortliches Handeln vernünftig begründbar und sogar in Zeiträumen gedacht und verwirklicht werden kann, die die Lebensspanne des Einzelnen weit überschreiten.

Ethische Begrifflichkeiten und Wirtschaftsethiken generell bewähren sich immer erst in ihrer Anwendung beim und durch den Einzelnen und auf der Grundlage der Erkenntnis, dass alles menschlich beeinflusste Geschehen auf die Entscheidungen Einzelner zurückgeführt werden kann, und sei die Verantwortung noch so kollektiv und anonym verknäult. Je abstrakter die Grundsätze von Gerechtigkeit formuliert werden, desto größer wird die Gefahr ihres Missbrauchs, desto leichter kann man unter ihnen durchschlüpfen.

Umgekehrt: Je konkreter ein Fall heruntergebrochen wird auf die Frage: «Was kannst, was sollst du tun?», desto wirksamer leitet Ethik an. Nach dem Ethischen in Wirtschaftsangelegenheiten zu fragen und sich danach nach dem für gut Erkannten zu verhalten, ist selbst dann nicht verlorene Liebesmüh', wenn der Einzelne den Lauf der Welt nicht verändert, indem er sich ethisch verhält. Denn zum einen gilt auch hier das Luther-Wort, dass der Mensch auch am Vorabend des Weltuntergangs ein Apfelbäumchen pflanzen sollte, und zum anderen findet der

Weltuntergang desto weniger schnell statt, je mehr Menschen das Richtige tun.

Ein Studium der Wirtschaftsethik lehrt keine letzten Gewissheiten, sondern Zweifel und Interesse: den Zweifel daran, ob die heutige Weltwirtschaft wirklich schon die beste aller Welten verwirklicht, und das Interesse daran, was sich in dieser Welt, wie sie jetzt ist, ethisch verbessern lässt. Zweifel und Interesse sind nicht die schlechtesten Begleiter für unseren Weg als Verbraucher und Produzenten, als Nachgeborene und als Vorgänger kommender Generationen. Die Suche nach dem Guten lässt sich nicht auf einzelne Bereiche beschränken, wenn sie gelingen soll. Und sie gelingt nur, wenn wir die Besonderheiten der unterschiedlichen Lebensbereiche kennen. Darum gibt es einen Ort und einen Bedarf für eine die Wirtschaft verstehende und leitende Ethik.

Vom Konsumenten zum Prosumenten: Share Economy

Wirtschaftsethik – *quo vadis?* Wohin sich die Wirtschaftsethik entwickelt, hängt vor allem davon ab, wie sich Marktwirtschaft und Kapitalismus global entwickeln. Auch wenn Zukunftsprognosen kaum möglich sind, scheint eines klar: Die Marktwirtschaft des 21. Jahrhunderts wird nicht nur globaler, sondern vor allem digitaler, was eine Beschleunigung der Transaktionen und eine Senkung von Transaktionskosten nach sich ziehen dürfte, vielleicht aber auch eine massive Reduktion von Arbeitsplätzen, wie manche meinen. Unternehmer wie ganze Volkswirtschaften entwickeln durch ihre digitale Vernetzung ganz neue Geschäftsmodelle, indem sie sich Ressourcen effizienter und damit im Ergebnis zu einem niedrigeren Preis teilen. Ein Beispiel dafür wäre die immer beliebter werdende *share economy,* in der Konsumenten zu «Prosumenten» werden, also Produzenten, die gleichzeitig als Konsumenten subsidiär immer mehr Güter und Dienstleistungen selbst produzieren und digital zum Tausch oder Kauf anbieten. Das gibt den Kunden insbesondere in den Industrienationen, die über die notwendigen technischen Voraussetzungen verfügen, größere Einflussmöglichkeiten, glaubt man der ökonomischen Theorie einer *share economy*. Menschen überall auf der Welt lesen nicht nur weniger Zeitungen aus Papier und frequentieren weniger Warenhäuser und Bankfilialen, sondern sie transferieren durch ihre Kaufentscheidungen immer größere Teile der globalen Marktwirtschaft in den digitalen wie häuslich-privaten Raum. Mit Hilfe von 3-D-Druckern entwerfen und fertigen immer mehr Menschen ihre eigenen Produkte, und über digitale Apps ersetzen sie etwa mit Hilfe des Vermittlers UBER die kommerziellen Taxiunternehmen durch einen privaten Fahrer, der einen jenseits von Tariflöhnen und Arbeitsrecht durch die Metropolen Europas und Amerika fährt – in der Regel zu einem günstigeren Preis als ein Taxi und gegen Vermittlungsgebühr an UBER. An der Stelle wird allerdings deutlich, dass die Share- auch eine Care-Economy sein sollte, in der wir uns dafür interessieren, ob der private Fahrer sich nicht womöglich selbst ausbeutet (mit unserer Hilfe). Insofern ist die sich rasant entwickelnde *share economy* womöglich derjenige ökonomische Bereich, der in den nächsten Jahren besonders viele wirtschaftsethische Dilemmata erzeugen wird.

Ein weiteres Beispiel aus der Gegenwart dieser digitalen Tauschwirtschaft ist der Wohnungs- und Hotelmarkt: AIRBNB vermittelt über 800 000 leerstehende Wohnungen zur Unterkunft, ohne auch nur eine einzige davon zu besitzen. Und über Online-Musikanbieter hat man Zugang zu Millionen von Musiktiteln, ohne eine einzige CD zu kaufen, indem man sie mit dem Besitzer auf Zeit teilt. All dies sind Beispiele dafür, wie sich im Zeitalter der Digitalisierung die alte Idee vom freien Markt radikal verändert. Während Unternehmen Geld damit verdienten, indem sie für Produkte die Kosten reduzierten, gelingt es durch den digital angebahnten Tausch in der *share economy*, ein und dieselbe Sache effektiver zu nutzen (Carsharing) oder immer wieder zu replizieren (Musiktauschbörsen). Ökonomisch wird dies für jene zur Bedrohung, die auf klassischen Kanälen wie etwa Ladenzeilen diese Produkte angeboten haben, und für Firmen wie Google oder Facebook, die dadurch erfolgreich wurden, dass sie ein digitales Monopol auf die Kontrolle von

Verkaufs- und Produktionskanälen und der dazu notwendigen Suchmaschinen und sozialen Netzwerke ausübten.

Die Rahmenbedingungen eines freien Marktes, wie Adam Smith ihn kannte, werden sich im 21. Jahrhundert durch den technischen Fortschritt erheblich ändern. Gerade in Zeiten von Finanzkrisen und digitalem Wandel aber wird Wirtschaftsethik weder obsolet noch unterkomplex. Auch dies lässt sich am Beispiel der *share economy* im Rückgriff auf die in diesem Buch vorgestellten Konzepte illustrieren.

Gelten für diese neue Form der Marktwirtschaft als digitale Tauschwirtschaft wirtschaftsethisch andere Regeln und Standards? Fest steht: Wenn aus dem Willen, etwas zu kaufen, ein Wettlauf um Zugang wird, ändern sich oftmals auch die ökonomischen wie regulatorischen Rahmenbedingungen. Eine akute wirtschaftsethische Herausforderung der *digital economy* scheint darin zu bestehen, dass global bestellbare Angebote oder lokal angebotene Dienste aus dem Internet nationale Sozialstandards unterlaufen. So erklärt sich eine Großdemonstration der Berliner Taxifahrer gegen UBER Anfang 2014. Wie soll man damit politisch, ökonomisch oder ethisch angemessen umgehen? Und wie entwickeln sich die Arbeitsmärkte und ganze Industrien, wenn aus ebendiesen Konsumenten flächendeckend Prosumenten werden? Ein klassisches Fallbeispiel dafür wäre seit der Energiewende 2010 der deutsche Markt für erneuerbare Energien, in dem ehemalige Konsumenten etwa durch Solaranlagen zu Prosumenten geworden sind: Diese kaufen nicht nur Solarplatten, sondern vermieten auch eigene Dachflächen, um durch Eigennutzung Strom zu sparen, Mieten zu generieren und durch Stromeinspeisung Erträge zu erwirtschaften, die nach dem Erneuerbare-Energien-Gesetz (EEG) legal auf alle Stromkunden und damit auch die *least privileged* im Sinne von Rawls umgelegt werden. Ist das fair, legitim, ethisch unproblematisch und eine wünschenswerte Entwicklung, oder wiegen die Nachteile schwerer als die Vorteile? In jedem Fall ist das Verhalten der Prosumenten in diesem Bereich legal. Und bei solchen nationalen wirtschaftsethischen Dilemmata bleibt es nicht: Wie stellt man eingedenk der Kritik von Karl Marx sicher, dass möglichst viel der Wertschöpfung innerhalb dieser neuen *share economy* bei jenen hängen bleibt, die tauschen und produzieren – besonders im Verhältnis zu denen, die diesen Tausch «nur» digital vermitteln wie UBER? Wie geht man global mit Konzepten von Legalität und Legitimität um, wenn das Gericht eines Staates UBER verbietet und ein Gericht in einem anderen Land UBER für legal hält? Und ist es im Konzept der Nachhaltigkeit stets wünschenswert und verantwortlich, dass sich der Nutzungsgrad eines Autos in der *share economy* erhöht, oder führt das nicht vielmehr dazu, dass sich der globale Ressourcenverbrauch insgesamt erhöht? Und wie verändern die für das Funktionieren der *share economy* nötigen sozialen Netzwerke und Online-Identitäten unser künftiges gesellschaftliches Zusammenleben? Und so werden die Fragen immer zahlreicher, in ihrer kaum möglichen utilitaristischen Folgenabschätzung immer gravierender und fundamentaler: Was etwa ist mit all jenen Armen in *developing economies*, die zu diesen Technologien und Entwicklungen keinen Zugang haben?

Dies alles produziert viele ethisch hochkomplexe Fragen, die mit den Begriffen und Konzepten, wie sie in diesem Buch vorgestellt worden sind und anhand von Fallstudien angewandt wurden, besser verstanden werden können. Die besten Fallstudien sind dabei immer jene, die möglichst realistisch Ideen und Thesen auf die Probe stellen und künftige Themen antizipieren. Darum zum Schluss statt eines Nachworts ein Fall aus der digitalen Welt global tätiger Unternehmen.

Statt eines Nachworts

Ein Hochschullehrer stellt ein Manuskript fertig. Da er wie üblich unter Zeitdruck gerät, bestellt er bei einem globalen Logistikunternehmen mit Sitz in Deutschland einen Abholservice an einem Freitag um Punkt 17:30 Uhr. Der gehetzt wirkende Fahrer erscheint bereits um 17 Uhr und merkt an, dass er bei einer vereinbarten Übergabe des Manuskriptes in einer halben Stunde das Drehkreuz Leipzig nicht mehr erreichen könne, wodurch trotz Online-Zusage die garantierte Lieferung am nächsten Tag nicht mehr glücken würde, wodurch wiederum ein weiteres zeitkritisches Paket nach Indien in seinem Wagen ebenfalls nicht mehr an diesem Freitag per Luftpost das Land verlassen könnte. Das Problem für den Besteller des Lieferdienstes: Der niedergedrückt wirkende Fahrer teilt weiterhin mit, dass er selbst mit seinem Stundenlohn in Höhe des Mindestlohns von 8,50 Euro für diese Verspätung haften müsste, auch wenn er zu keinem Zeitpunkt eine realistische wie straßenverkehrskonforme Chance hatte, bei der vereinbarten Abgabe um 17:30 Uhr den Flughafen pünktlich zu erreichen. Am Ende wird er für die Verspätung privat zuzahlen.

Auch der Besteller fühlt sich schuldlos, da er ausdrücklich den hochregulierten Abholservice für exakt 17:30 Uhr und nicht schon für 17 Uhr bestellt hat. Zur Beruhigung seines Bauchgefühls wechselt er bei seiner nächsten Bestellung in die sogenannte share economy: Statt eines arbeitsrechtlich eng regulierten Transportunternehmens, bei dem er davon ausgehen muss, dass die Kuriere zu Bedingungen arbeiten, die ethisch problematisch sind, wählt er auf Ebay-Kleinanzeigen einen privaten Taxifahrer eines kontroversen privaten Vermittlers namens UNTER, bei dem Privatleute die Stadtfahrt mit eigenem Auto gegen Gebühr an den Online-Anbieter unversichert und jenseits des geltenden Arbeits- und Sozialrechts deutlich günstiger übernehmen.

Analysieren Sie diesen wirtschaftsethisch komplexen Fall auf der Sachverhaltsebene aus der Perspektive der verschiedenen Beteiligten! Wie beurteilen Sie ihn ethisch auf der Wertungsebene? Wo liegen ethische Probleme, wo Dilemmata? Ergeben sich Gerechtigkeitsfragen der *share economy* im Zeitalter der Digitalisierung? Beschreiben Sie die unternehmensethischen Herausforderungen eines globalen Dienstleisters, der in einem bestimmten nationalen wie mikroökonomischen Kontext agiert. Handelt der Paketkunde mit seinem Anbieterwechsel ethisch angemessen?

Ihnen und letztlich uns allen als Teil einer globalen Marktwirtschaft viel Erfolg!

Auswahlbibliographie

Aristoteles, *Politik*, München 1998.

Aristoteles, *Nikomachische Ethik*, Reinbek 2006.

Aßländer, M. S. (Hg.), *Handbuch Wirtschaftsethik*, Stuttgart 2011.

Bayertz, K., *Praktische Philosophie als angewandte Ethik*, in: Bayertz, K. (Hg.), *Praktische Philosophie. Grundorientierungen angewandter Ethik*, Reinbek 1991, S. 7–47.

Beschorner, T. u. a. (Hg.), *Wirtschafts- und Unternehmensethik. Rückblick – Ausblick – Perspektiven*, München 2005.

Becker, G. S., *Der ökonomische Ansatz zur Erklärung menschlichen Verhaltens*, 2. Aufl., Tübingen 1993.

Binswanger, H. C., *Die Glaubensgemeinschaft der Ökonomen*, München 1998.

Birnbacher, D., *Utilitarismus*, in: Düwell, M.; Hübenthal, C.; Werner, M. H. (Hg.), *Handbuch Ethik*, Stuttgart; Weimar 2006, S. 95–107.

Breuer, M.; Brink, A.; Schumann, O. J. (Hg.), *Wirtschaftsethik als kritische Sozialwissenschaft*, Bern u. a. 2003.

Di Fabio, U.; Oermann, N. O. (Hg.), *Was schulden wir einander?*, Berlin 2011.

Enderle, G.; Homann, K.; Honecker, M.; Kerber, W.; Steinmann, H. (Hg.), *Lexikon der Wirtschaftsethik*, Freiburg; Basel; Wien 1993.

Franziskus (Papst), *Die Freude des Evangeliums. Das Apostolische Schreiben «Evangelii Gaudium» über die Verkündigung des Evangeliums in der Welt von heute*, Freiburg i. Br. 2013.

Fenner, D., *Ethik: Wie soll ich handeln?*, Tübingen 2008.

✗ Friedman, M., *The social responsibility of business is to increase its profits*, in: *The New York Times Magazine*, 13. 9. 1970, S. 32 f.

Friedman, M., *Capitalism and Freedom*, Chicago; London 1982.

Grober, U., *Die Entdeckung der Nachhaltigkeit. Kulturgeschichte eines Begriffs*. München 2010.

Hartmann, N., *Ethik*, 4. Aufl., Berlin 1962.

Herzog, L.; Honneth, A. (Hg.), *Der Wert des Marktes. Ein ökonomisch-philosophischer Diskurs vom 18. Jahrhundert bis zur Gegenwart*, Berlin 2014.

Heidenreich, F., *Wirtschaftsethik zur Einführung*, Hamburg 2012.

Höffe, O., *Einführung in die utilitaristische Ethik. Klassische und zeitgenössische Texte*, Tübingen 2008, S. 7–51.

Höffe, O., *Ethik. Eine Einführung*, München 2013.

Hoerster, N., *Ethik und Interesse*, Stuttgart 2003.

Hollis, M., *Soziales Handeln, Eine Einführung in die Philosophie der Sozialwissenschaften*, Berlin 1995.

Homann, K.; Lütge, C., *Einführung in die Wirtschaftsethik*, Münster 2004.

Homann, K.; Koslowski, P.; Lütge, C. (Hg.), *Wirtschaftsethik der Globalisierung*. Mohr Siebeck, Tübingen 2005.

Isensee, J.; Kirchhof, P. (Hg.), *Handbuch des Staatsrechts der Bundesrepublik Deutschland*, Bd. IX: *Allgemeine Grundrechtslehren*, Heidelberg 2011.

Jonas, H., *Das Prinzip Verantwortung. Versuch einer Ethik für die technologische Zivilisation*. Frankfurt a. M. 1987.

Kant, I., *Logik*, in: *Kant's gesammelte Schriften*, hrsg. von der Preußischen Akademie der Wissenschaften, Band IX 1, Berlin 1972 [Nachdruck der Ausgabe Berlin und Leipzig 1922].

Kant, I., *Kritik der reinen Vernunft*, in: *Kant's gesammelte Schriften*, hrsg. von der Preußischen Akademie der Wissenschaften, Band III, Berlin 1969 [Nachdruck der Ausgabe Berlin und Leipzig 1911].

Kant, I., *Grundlegung zur Metaphysik der Sitten*, in: I. Kant, *Werke in sechs Bänden*, hrsg. v. W. Weischedel, Bd. IV, Darmstadt 1970.

Keynes, J. M., *The General Theory of Employment, Interest, and Money*, New York 1936; repr. New York 1997.

Klemme, H. F., *Immanuel Kant*, in: Bohlken, E.; Thies, C. (Hg.), *Handbuch Anthropologie. Der Mensch zwischen Natur, Kultur und Technik*, Stuttgart u. a. 2009, S. 11–16.

Korff, W. u. a. (Hg.), *Handbuch der Wirtschaftsethik* (4 Bände), Gütersloh 1999.

Koslowski, K., *Prinzipien der Ethischen Ökonomie*, Tübingen 1988.

Küng, H.; Leisinger, K. M.; Wieland, J., *Globales Wirtschaftsethos: Konsequenzen und Herausforderungen für die Weltwirtschaft*, München 2010.

Lenk, H.; Maring, M. (Hg.), *Wirtschaft und Ethik*, Stuttgart 1992.

Lütge, C. (Hg.), *Handbook of the Philosophical Foundations of Business Ethics*, Heidelberg; New York 2013.

Luhmann, N., *Wirtschaftsethik – als Ethik?*, in: Wieland, J. (Hg.), *Wirtschaftsethik und Theorie der Gesellschaft*, Frankfurt a. M. 1993, S. 134–147.

Luhmann, N., *Vertrauen: Ein Mechanismus der Reduktion sozialer Komplexität*, 4. Aufl., Stuttgart 2000.

Luther, M., *Werke. Kritische Gesamtausgabe* (WA), Band 1 ff., Weimar 1883 ff.

Mandeville, Bernard de, *Die Bienenfabel*, 3. Aufl. [1724], Frankfurt a. M. 1980.

Marx, K., *Das Kapital I*, Fünfter Abschnitt, MEW, Band 23, Berlin (Ost) 1956.

Marx, K., *Werke. Artikel. Entwürfe. März 1843 bis August 1844*, MEGA, Band I/2, Berlin 1982.

Mill, J. S., *Grundsätze der politischen Ökonomie mit einigen Anwendungen auf die Sozialphilosophie*, Jena 1924.

Müller-Armack, A., *Genealogie der sozialen Marktwirtschaft*, Bern; Stuttgart 1981.

Nida-Rümelin, J.; Özmen, E., *John Rawls. Eine Theorie der Gerechtigkeit*, in: Brocker, M. (Hg.), *Geschichte des politischen Denkens. Ein Handbuch*, Frankfurt a. M. 2007, S. 651–666.

Nida-Rümelin, J., *Verantwortung*, Stuttgart 2011.

Oermann, N. O., *Tod eines Investmentbankers. Eine Sittengeschichte der Finanzbranche*, Freiburg i. Br. 2012.

Oermann, N. O., *Anständig Geld verdienen? Eine protestantische Wirtschaftsethik*, Freiburg i. Br. 2014.

Oermann, N. O.; Weinert, A., *Nachhaltigkeitsethik*, in: Heinrichs, H.; Michelsen, G. (Hg.), *Nachhaligkeitswissenschaften*, Berlin; Heidelberg 2014, S. 63–85.

Ostrom, E., *Die Verfassung der Allmende,* Tübingen 1999.

Pieper, A., *Einführung in die Ethik*. Tübingen; Basel 2007.

Pies, I. (Hg.), *Moral als Heuristik: Ordonomische Schriften zur Wirtschaftsethik*, Berlin 2009.

Pies, I., *Regelkonsens statt Wertekonsens: Ordonomische Schriften zum politischen Liberalismus*, Berlin 2012.

Piketty, T., *Das Kapital im 21. Jahrhundert,* München 2014.

Priddat, B. S., *Theoriegeschichte der Wirtschaft*, München 2002.

X Rapoport, A.; Chammah, A. M., *Prisoner's Dilemma*, Ann Arbor 1965.

Ratzinger, J., *Marktwirtschaft und Ethik*, in: Roos, L. (Hg.), *Stimmen der Kirche zur Wirtschaft*, 2. Aufl., Köln 1986, S. 50–58.

Rawls, J., *Eine Theorie der Gerechtigkeit*, Frankfurt a. M. 1975.

Rendtorff, T., *Ethik für die Wissenschaft – Bescheidwissen oder Begleitwissen?*, in: *Freiheit und Programm in Natur und Gesellschaft*. Gaterslebener Begegnung 324/2001 (2002), S. 177–189.

Rich, A., *Wirtschaftsethik* (2 Bände). Bd. 1: *Grundlagen in theologischer Perspektive*. 4. Aufl., Gütersloh 1991; Bd. 2: *Marktwirtschaft, Plan-*

wirtschaft, Weltwirtschaft aus sozialethischer Sicht, 2. Aufl., Gütersloh 1992.

Rifkin, J., *Die Null-Grenzkosten-Gesellschaft: Das Internet der Dinge, kollaboratives Gemeingut und der Rückzug des Kapitalismus*, Frankfurt a. M. 2014.

Salinger, L. M. (Hg.), *Encyclopedia of White-Collar and Corporate Crime*, 2 Bände, 2. Aufl., Los Angeles; London; New Delhi; Singapore; Washington D. C. 2013.

Sandel, M., *Was man für Geld nicht kaufen kann*, Frankfurt a. M. 2013.

Schumpeter, J. A., *Kapitalismus, Sozialismus und Demokratie*, 7. Aufl., Tübingen; Basel 1993.

Sen, A. K., *On Ethics and Economics*, Oxford 1987.

Sen, A. K., *Ökonomie für den Menschen – Wege zu Gerechtigkeit und Solidarität in der Marktwirtschaft*, München 2003.

Sennett, R., *Der flexible Mensch. Die Kultur des neuen Kapitalismus*, Berlin; München 2001.

Smith, A., *Der Wohlstand der Nationen: Eine Untersuchung seiner Natur und seiner Ursachen*, übers. von H. C. Recktenwald, München 2003.

Suchanek, A., *Ökonomische Ethik*, 2. Aufl., Tübingen 2007.

Ulrich, P., *Integrative Wirtschaftsethik. Grundlagen einer lebensdienlichen Ökonomie*, 4. Aufl., Bern; Stuttgart; Wien 2007.

Ulrich, P., *Zivilisierte Marktwirtschaft. Eine wirtschaftsethische Orientierung. Aktualisierte und erweiterte Neuausgabe*, Bern; Stuttgart; Wien 2010.

Vossenkuhl, W., *Ökonomische Rationalität und moralischer Nutzen*, in: Lenk. H.; Maring, M. (Hg.), *Wirtschaft und Ethik*, Stuttgart 1992, S. 186–213.

Vossenkuhl, W., *Ethik: Die Wissenschaft vom guten Handeln*, in: Fischer, E.; Vossenkuhl, W. (Hg.), *Die Fragen der Philosophie*, München 2003, S. 16–37.

Weber, M., *Die protestantische Ethik und der Geist des Kapitalismus*, in: ders., *Gesammelte Aufsätze zur Religionssoziologie*, Bd. I, Tübingen 1963, S. 17–206.

Wieland, J., *Die Ethik der Governance*, 5. Aufl., Marburg 2007.

Personenregister

C.H.BECK ✜ WISSEN